U0559236

你本来就是好妈妈

（美）马伊姆·拜力克博士　著

王冰营　孟可心　译

辽宁科学技术出版社

沈　阳

目录

前言

我们可以做得更好。

现在太多的书和文章向新手妈妈们传授所谓"足以应付"的育儿知识了，但是，为什么要满足于"足以应付"呢？这本书将向你展示怎样成为优秀的父母，以及怎样在这个过程中让自己和宝宝都怡然自乐——通过一种名为"亲密育儿法"的养育方式。

作为一名儿科医生，在给两个月大的婴儿例行体检时，我偶尔会遇到非常棘手的情况。一些初为父母者似乎抗拒并且厌恶婴儿出生后这几周的每个阶段，他们好像无法理解："这孩子怎么总想吃奶？"或者"这孩子怎么又需要换尿片了？"

我总是尽力开导他们，让他们意识到，在凌晨三点时，他们面临着这样的选择：你可以在被孩子吵醒后咬牙切齿，连翻白眼，唉声叹气（还可能因为又急又恼半小时也睡不着），或者你也可以对你的孩子报以微笑，并且对孩子说："你好啊，我可爱的宝宝饿了吧，再吃一顿吧！"

讲一件真事儿：几年前，有一天上午我连续对两名两周大的婴儿进行了检查。我拿起了第一份就医记录，上面记录着一对闷闷不乐、情绪压抑的父母所遇到的麻烦。

　　他们漂亮的小女儿出生后体重增加了100克左右（这完全没问题！），但是我见他们的时候，他们眼泪汪汪地告诉我，他们简直无法相信这个小家伙晚上每隔两小时就要吃一次奶，白天也几乎不怎么睡觉，一切都太艰难了，他们根本没想到会是这样。他们还担心母乳不够，担心这担心那……对我来说，这是一次困难的出诊，但最后我总算让他们露出了些许笑容，我让他们试着往好的方面去想：孩子的体重增加不少，大小便也不错，这么大的婴儿应该经历的重要变化一样都不少。

　　在另一间诊室里，另一个两周大的婴儿与出生时相比体重也长了不少，但是护士的记录这样写道："整晚都睡着不醒。"从生理学的角度上来说，这是不正常的，有点儿令人担心，我敢肯定一定有什么不对劲儿。

　　孩子的父母告诉我没什么不对劲儿，他们就是给她吃母乳，喂奶的次数挺频繁，大小便也很多，而且孩子确实能连着睡一晚上。我和他们争论了几分钟，最后这对疲惫的父母还是坚持说孩子就是能连着睡上一晚上。他们说："她每两小时左右会起来给孩子吃一次奶，但整晚都睡着！"

　　我真希望我当时有个小摄像机把这一切都录下来。第二个家庭对于照顾孩子的夜间经历是这样理解的：尽管他们得每隔两小时左右起来给孩子喂奶，但是宝宝是整晚都睡着的！他们正在学习怎样适应宝宝的节奏，用爱及平静放松的心情对待宝宝的需要。我想第一对父母可能读到了某些误导的书，或者有人告诉他们一些爱之深责之切的建议，或者是在情感上还没有准备好如何坚持不懈地负担起照顾新生儿的责任。

养育子女是一项艰巨的工作。我的建议是：不要试图躲避它。相反，要让自己亲近这份工作。要围绕新生儿的生活和节奏来规划自己的生活，还要意识到：以前那种"正常状态"一去不复返了，现在就是新的正常状态。

试着去爱上宝宝在最初几周里越来越多的反应和眼神交流，还有他做出微笑的小小努力。当那些小小的（吐着泡泡的）微笑（在第五周或第六周、也可能第七周变成咧嘴大笑的时候），你一定要高高兴兴的。

比起任何医生、祖父母或朋友的建议，为人父母的本能会更好地指引你，让你得到慰藉和信心。如果你的宝宝看起来很好，吃很多奶，大小便正常，会和人进行眼神交流，出生几个星期之后会微笑，会动，会扭来扭去，会蜷缩在爸爸或妈妈的怀里睡觉，那就是个很好的宝宝了。

要和宝宝形成亲密的关系，接受他或她和你建立的这种崭新的关系。一些畅销书实际上是让妈妈随着月份的推移逐渐减少和宝宝之间的关系："尽量让孩子少吃点儿，睡得再久些，少抱孩子。"他们会说："不要因为她饿了就喂她，要按时喂她。他哭的时候不要抱他，你得教他怎么自我安抚，自行重新入眠。"那样能教会你的宝宝什么呢？他的妈妈和爸爸，整个世界上他最依赖的人，一天二十四小时，一周七天都应该陪在身边并且爱他的人，在他凌晨三点感到害怕，或者比书上说的时间饿得早了时，却并不在那里？

我们是怎样让"哭到不哭为止"和定时喂奶成为一种习俗的？我们是怎样说服父母们当孩子需要我们的时候给予他们坚定而持久的爱会宠坏他们的？当然，如果你让一个三四岁的孩子哭着喊着就能得到一个小甜饼，那么你确实是在宠坏他。但是，你不会宠坏一个婴儿！当婴儿哭的时候，他们实际上是在和我们说话，表达最基本的生理要求，希望得到喂养、温暖、搂抱和信任。

我强烈建议父母打破这个循环。本书将带你学习并感受下面的事情给你带来的新享受：回应孩子的需求，拥抱他们，与他们相依偎，给他们喂奶，倾听宝宝的新"单词"和面部表情，还有很多……

我见过那些"没打好基础的家庭"。父母并不太了解他们的孩子，到了应该给孩子设立规矩的时候，才发现并没有打好基础。

应该尽最大可能建立亲密的亲子关系，这样才能在孩子长大后给他们做出必要的规定和限制。当你的宝宝9个月大或12个月大或15个月大的时候，你也许可以直视着她的眼睛并深情地告诉她，她并不是一个大国的女皇，只是这个家里最最受宠爱的一个成员，为了吃到煮好的苹果泥，她得等上四五分钟。尽管你很努力，她还是可能会哭。如果你在她一岁之前给予她的是令人惊叹的爱、亲近和依恋，那么这个小家伙就会足够强大，完全可以承受这么一个小小的打击。

这本书可以说是一应俱全：有科学、感受、情感、逻辑以及你能得到的最好建议……更严厉的育儿方式？不！我们坚信按照直觉、充满爱心地养育你的孩子，你就能得到你所希望得到的、那个脾气温和、聪明、快乐的婴儿、幼儿、儿童直到青少年。

这是一本描写个人经历的书。马伊姆写了她自己家庭的事，迈尔斯和弗雷德是非常活泼和自信的男孩，你会非常想认识他们。在愉快的对话过程中，你会感到这就是四五个人坐在一起聊天，我们所有的人都在表达我们的思想和感觉。仔细一想才会发现，其中的两个人只是孩子，但是他们的言语，反映了他们这些年来得到的爱与尊重。他们知道交流是什么，他们很懂规矩，和他们一起玩儿非常有意思。他们的父母按照亲密育儿的理念养大了他们，我认为你会非常喜欢这种育儿方式，你也会非常喜欢这本书。

第一部分

相信你的本能

你以为自己不懂育儿？
其实，你比想象的知道得更多！

啊，为人父母！引导一个小小的心灵度过婴儿时期。在月光下抚摸那细小而又胖乎乎的手指。从头至尾塑造一个人，并且每次看到孩子呼吸，牙牙学语或微笑的时候都能感受到美好与满足。创造一个缩微版的自己，但比自己更好，更聪明，更睿智，而且更时尚！这不就是你为人父母生活的本来面目吗？

也许是的，可我却不这么认为。因为，我的生活并非如此。

不要误解，我喜欢做母亲的感觉。我的两个儿子偷走了我心一隅，耗费了我很多脑力，他们占据了我整个生命中非常神圣的一部分，而这种状态将持续终生。然而，我也感到为人父母是一件非常具有挑战性的事情，让人筋疲力尽，沮丧不已，甚至常常让人发疯。

为人父母为何如此令人困惑？部分原因在于我们这些身为父母之人所接受到的、那些互相冲突的建议，这些建议来自四面八方：来自父母，来自朋友，来自医生，来自育婴书，来自各类"专家"，甚至来自大街上素不相识的陌生人。每个人都有自己的育儿之道，而且每一个人都乐于将自己的观点和我们分享。

但是如果你和我一样，很可能没有事先制订好的一整套育儿方法拿来就能用。而且，当一个貌似简单的问题却有几十种答案时，你也会困惑不已。最要命的是，这些答案各有理论研究支持，又是你喜爱和信任的人提供的。虽然庞大的育婴产业已经形成，可是却让我们更加困惑了。

有人说要多抱婴儿，但是又不能抱得太多！那么，我们到底要不要多抱孩子呢？（两个说法都有研究支持）

有人建议父母要睡在孩子身边，但是还有说法提出不能和孩子睡得太近！（果然，争辩双方又是各有支持者）

有人劝告我们要拥抱婴儿并且爱抚他们，但还是不能过多地爱抚，因为他们也得学会自我安慰才行！（到底多少是过多？我的孩子和你的孩子能一样吗？）

诸如此类，没完没了。你甚至会怀疑如果家里没有住着一个儿童心理学家随时帮你解决这些让人疯狂的问题，你能不能熬到孩子上小学一年级？

育婴书数以万计，每本都向你许诺能够在最短的时间内养育出“最好的”孩子，专业书试图解决家长们一直关心的睡眠与喂养这类的头号问题。从第一次怀孕开始，我就开始阅读这类书，7年来已经读了好几十本。这些书中有些确实对我有所裨益，但多数育儿书则让我感到不知所措，无能为力，有时甚至适得其反。我知道这可不是我一个人的感觉。

这本书并不是那类育儿书。

亲爱的读者们，我所发现的，我想要和你分享的，是这个：**你已经知道了作为出色父母所需要知道的大部分事实。**当我开始相信这一点，并且让它成为我的育儿经时，我的那些紧张、忧虑和疲惫感一扫而空。从那时起，我才真正开始享受为人之母的乐趣，并且开始将自己视为一位成功的母亲，尽管并不完美；虽然我有时还是缺乏耐心，却是一个观察力敏锐、有爱心、自信的母亲，真心热爱我所选择的这种生活。这就是这本书要讲的：**让你有能力为自己的孩子做出最好的选择。**

那么我究竟为我的孩子们做了什么选择呢？我已经弄清楚了对我的家庭行之有效的方法，而其基本理念正是这一点：只要我们愿意生儿育女，几十万年的人类进化史已经为我们做好了为人父母的准备。而且是一名不错的父母！也许不完美，但是足够好了。我们所需要的育儿知识已经预设到了我们的DNA之中，这种本能与生俱来。

但是，过去两百来年的西方文化潮流使我们确信我们需要一大堆帮助：帮我们生孩子；帮我们选择用什么喂养孩子；帮我们教孩子睡觉、吃饭和学习；帮我们让孩子尽可能地迅速独立；连为人父母这样普通的事情我们也似乎需要帮助。而我想说的是，在这类事情上，我们基本上不需要多少帮助。只要我们了解最基本的依恋理论和婴儿成长理论，营造出一个合乎直觉的、健康而自然的环境（和文化），并且确信婴儿的每个需要都是真实而简单地表达出来的，绝无恶意或花招，我们就能够成为大自然想让我们成为的那种父母。

婴儿用他自己的语言告诉我们他究竟需要什么。我们的任务就是学会这种语言。这就是这本书的宗旨。

最初的我，并非如此

这些想法都是我自然而然地想到的吗？我有某种与生俱来的"大地母亲"的天赋，让我不费吹灰之力就能了解到我的孩子们内心深处的需求？我从小就浸润在这种教育方式当中，以至于当我有了孩子只需要模仿一下我父母的育儿之道就大功告成了吗？

答案就两个字：非也。

在我有小孩之前，我觉得做父母没什么难的。那些总是把孩子挂在嘴边的人让我觉得厌烦。我总是怀疑他们在时间管理方面有问题，为他们摇头哀叹，因为他们明显缺乏成人应有的娱乐活动。他们真想把所有时间都用在阅读育婴书上吗？他们也许也有社交问题，甚至存在焦虑等情绪紊乱症状，因为当他们的朋友去度假或在温泉疗养院做水疗的时候，他们只能和孩子待在一起。他们难道没有看过育婴"秘籍"吗？为什么他们把看孩子搞得像是什么难于上青天的大事儿？在我看来，正是他们破坏了"育儿"这个词的好名声。

现在，我所拥有的知识来自几种做法：卸下防御心理和原来的判断；敞开心灵，倾听新的想法；多阅读，多学习并且真诚地和朋友或专家交谈。然而，我的育儿方略大半来自抚养我的两个儿子迈尔斯和弗雷德的练习与实践，确实来之不易。但我自己确实不是在这种育儿方式下长大的。

我的祖父母在第二次世界大战前从饱受战争摧残的东欧国家移民到美国，那时他们很穷，没受过教育，又因为远离家人和原来的生活而心碎神伤。我的父母出生在第二次世界大战期间，作为被同化的美籍犹太人在纽约北部的布朗克斯长大。我从他们的只言片语中拼凑出来的事实是，我的祖父母教育子女的方式是严格武断的，甚至有点儿专制。

我的父母20世纪60年代在纽约的公立学校就读，他们很快就卷入了那个时代的政治剧变和社会动荡，这让他们变得更开明，更易于接受新鲜事物，并且比家里的其他人都更热爱自由。他们吃健康食品，过着波西米亚式的生活，特立独行。他们拍摄反对越南战争的纪录片，去华盛顿特区参加反战游行示威活动。

好吧，我还不如这么说：我的父母都是嬉皮士。

我的母亲参加过妇女解放运动，是个女权主义者，有一次她总算说服了自己，觉得要个孩子不至于要了她的命（或者她是想通了，反正所有玩乐的事情都已经结束了，为什么不要个孩子呢），于是就生下了我，而且是没吃任何止痛药也没用上任何辅助措施的自然分娩。一开始，她给我用尿布，但是我对她用的洗衣粉过敏。当我断了母乳之后，她喂我的是豆奶而不是牛奶，因为她不想喂我"另一种动物的乳汁"。我的母亲大人是不是很前卫？当我晚上要求一瓶接一瓶地喝奶的时候，母亲大人总是乐于满足我的要求而不是让我"哭个够"。后来，她总是后悔，觉得当时应该把我带回她的床上。

我父母的进步与新潮并没有延伸到育儿的各个方面。我很幸运，为我贡献了精子和卵子的这二位大人擅长搞怪、滑稽有趣又蔑视权威，但是他们的某些育儿方式看起来和他们父母的教养方式如出一辙，虽然他们并不愿意承认这一点。那简直是一种貌似轻松愉快的霸道独裁，时不时对他们的专制对象（就是我）施舍些小恩小惠。多数时候，我的父母会告诉我说我冷了，累了，饿了，情绪不佳了，或者欣喜若狂了，即使我本人并不这么认为。

他们这种以父母为中心的教育方式一直持续到我的少年时期和青年时期，那时我的想法有些早熟（现在回想起来不如说是天真），想要当演员，在短短两年时间内先是在小学的校园剧中取得成功，后来又在1989年拍摄的电影《海滩》中饰演了少女贝蒂·米德勒，赢得了好评。在那之后不久，我开始在美国全国广播公司的情景喜剧《绽放之花》中领衔主演。

我的父母为我的职业生涯指引方向并且管理一切，他们的指导恰到好处，对我而言是有益而必要的。他们的教育风格也渗透到了管理方式当中：我们的关系仍然是一种等级架构，我处于地位较低的一端。这是因为我当时只是一个孩子，关于演艺圈以及如何与成人打交道这类事情，我所知道的当然远远不及我的父母。我们之间的这种"愉快的"独裁与被独裁的关系似乎就是为了造就一个年少有为的情景喜剧演员！如今我饶有兴味地回首往事，觉得无论是在家里还是在电视机里，我都得到了父母的呵护。

到了《绽放之花》为期5年的播出季结束之时，我已经19岁了，我决定离开演艺圈，去获取神经科学、希伯来语及犹太研究方面的学位。我的父母对此持支持态度，不过我知道，如果不是我在法律上已经成年，他们宁愿我继续演戏。在加州大学洛杉矶分校读本科的时候，我遇到了一个身材颀长、沉默寡言的年轻人，他的长相酷似歌手埃尔维斯·科斯特洛，和我一样喜欢壁球，而且似乎喜欢我的烹调技术、学术兴趣和我那古怪精灵的幽默感。我们交往了5年，并且都在2000年开始攻读硕士，我学的是神经科学，主修情感纽带和情绪依恋的激素问题以及强迫症问题，而他的专业则是政治学，主攻方向是美国政治。我们于2003年结婚，并且在读研期间就有了迈尔斯。弗雷德是我提交论文后10个月出生的。

现在，我敢肯定你一定在说："看看你的成就清单：你是以父母为中心的教育哲学的成果，不也挺成功的嘛！"（你一边这么想，一边暗自希望自己也同样成功）总的来说，你想的是对的。然而，当我和我的母亲、我的婆婆以及她们这个时代的许多妇女交谈的时候，她们普遍反映她们在初为人母的日子里感到极度困惑和沮丧，并且常有力不从心之感。

她们被告知婴儿每隔4小时吃一次奶，但是我们这些孩子却每隔2小时就饿了。她们被告知不能和婴儿一起睡，但是如果她们不把我们放在身边，我们就会哭个不停。

她们被告知要回归生活，"克服"困惑、质疑和不安的感觉，但是她们的脑中和心中好像总有什么东西让她们感到纠结，使她们根本无法克服那些问题。

我认为这种纠结正是应该被倾听的部分。如今的父母们仍然在接受这类灌输，拥有炫目学位的各种权威人士告诉父母什么时候可以抱孩子，什么时候不要抱，应该怎样抱孩子，怎样不去抱孩子，为什么要抱孩子，为什么不能抱孩子等。父母从医生、护士和街上的过路人那里听到这类建议（我以前就遇到过，现在仍然会遇到）：

"如果你抱他太多，你会把他宠坏的。"

"如果你不让孩子在婴儿床上着点儿急，受点儿挫，他们是不会学着爬的，因为那样他们会缺少爬的动机。"

"如果你过于迅速地满足婴儿的所有需要，他们就学不会做

17

出请求，学说话就会晚。"

"你的孩子得达到某些权威指标，要不然他们就得去看语言治疗师、内科医师、职业医师。"

"如果你现在不加固态辅食，你的娃娃就学不会吃饭了。"

真是这样吗？这种被恐惧和不确定感控制的育儿方式总有些不对劲儿，一定有更好的方式。

找到我自己的育儿风格

亲密育儿法（Attachment Parenting）是一套标准宽泛的育儿指南，早在我从事育儿研究和攻读神经科学学位的时候就引起了我的共鸣。作为一个在饮食、购物和清洁方面都厉行"绿色"的环保人士，我逐渐意识到也应该有"绿色育儿"这回事。绿色育儿模式试图创造出一代这样的儿童，他们热爱并尊重他人和这个地球，因为他们从父母那里也得到了爱与尊重。

那么亲密育儿法到底是什么意思呢？国际亲密育儿协会确立了亲密育儿法的八条指导性原则：

1. 出生：认真备孕，了解自然分娩的各种选择以及它们对婴儿和母亲的益处。

2. 母乳：一位人类母亲的乳汁是同为人类的婴儿的最佳食物，如果不得以选择奶粉，则应该在各个方面尽量模仿母乳喂养。

3. 敏锐：对你的孩子们做出敏锐的反应。

4. 让抚触成为纽带：多和婴儿进行身体接触，比如用妈妈袋把婴儿带在身上，母乳喂养，用按摩来表达柔情、喜爱和慈心。

5. 就寝：无论早晚都亲自照顾孩子，看看是否可以在安全的前提下母婴同睡。

6. 守在身边：确保主要看护人始终如一的育儿方式，或者找到一位受过相关培训并且足够敏锐的代替者。

7. 温柔：对孩子进行积极而温柔的管束，放弃体罚的想法。

8. 平衡：权衡你的需要和孩子的需要，确定孰轻孰重。

需要指出的是，没有人能够完美地履行这八条原则，你无须逐条实施也能从中受益。这些原则不过是你做出决定的出发点，实际上有许多家庭在很多方面与这些原则背道而驰。你大可放心，如果你让孩子自己睡婴儿床，也不会有"亲密育儿巡警"来取消你的会员资格。

此外，和一般人的想法不同，亲密育儿法并不是仅适用于那些富有家庭或者全职父母，也不是只有那些有超级耐心的人们才能使用。它适用于所有人，只要他们愿意给孩子温柔的呵护，只要他们相信一个在性格形成时期对于其照料者具有健康的依赖与依恋的儿童才能成长为一位具有独立人格的成年人。

通过对那些实施亲密育儿原则家庭的观察，我发现这些家庭不会向那些在育儿方面对他们指手画脚、威胁嘲笑甚至恫吓的人屈服，因为育儿原本就是这个星球上最自然、最本能的事情。他们与孩子之间的关系是细心的、尊重的、充满爱心而又真诚的。这些成年人出于忠诚、勇气与信心在怀孕、生产和生活方式等方面做出选择。他们不用大叫大嚷或者暴力的方式让孩子听话，他们的孩子也乐于在活动和行为方面接受父母的引导，并且敢于说出自己的需求。

作为一名神经科学家，我所发现的关于亲密育儿的知识更加令人惊诧，甚至令我得到了某种心灵启示，那就是：这些原则从进化论的角度也是说得通的。它们促进了最佳的大脑发育，培养了健康的依恋心理，造就了对于婴儿健康、心理发展和成长能力非常有利的亲子关系，这也在科学上得到了证明。照此推断，从我最初学习的进化生物学到后来攻读的神经解剖学以至神经精神医学都支持下面的结论：这些原则并不需要学习。相反，它们是与生俱来的，经过数十万年的反复实践一代又一代地遗传下来并预设到我们的基因代码之中。早期的智人（现代人的学名）和我一样知道怎么为人父母，尽管这么说似乎意味着我只是从本能上知道婴儿需要存活，而我的任务就是让他活下来。

我在神经科学方面接受的教育以及多年来对育儿方面逸闻趣事的观察使我领悟到这本书将要描述的育儿方式的精髓，那就是：**我们本来就已经知道了我们的婴儿需要些什么。**身为准爸爸准妈妈，我们接受着一些互相矛盾的论据和骇人听闻的数据的狂轰滥炸，威胁说我们的好意可能会让孩子变得"太黏人"或者对父母形成"非安全型依恋"，更糟的是，还有可能受到心理上的伤害。我们约见妇产科医生、助产士、小儿科医生、儿童发展心理学家、婚姻顾问和学前教育管理者；我们求助于朋友、书和好心办坏事的家庭成员来帮助我们找到"正确的"育儿方法，但是，对于某个家庭正确的办法对于另一个家庭不见得合适，而且我们原本就可以利用一种原始的、古老的却又非常巧妙的本能来成为最好的父母。当然，这不是那么轻描淡写的事情，毕竟近些年来我们的这种本能长期被深深埋藏和压抑，它一直被摒弃、嘲弄、讥讽和污蔑。它一直是夫妻吵架、家庭战争以及内心交战的原因。那么，我们怎么才能找回这种本能呢？

如何使用本书

当我开始在亲密育儿这条路上前行的时候，我能得到的文献资源十分有限。《育儿杂志》、国际母乳喂养联合会和我们勇敢又杰出的小儿科医师是我了解相关事实和数据并得到建议和支持的唯一来源。我成为健康育儿网络和国际亲密育儿协会这类组织的成员是因为这些组织乐于与人分享亲密育儿方面的知识与经验。但是，我没有找到由真正的爸爸妈妈现身说法描述这种生活方式的书。

我突然想到，也许别人想要听听这种育儿方法对我们来说是如何行之有效的，这就是这本书诞生的真正原因。我并非认为我已经掌握了养育出完美小孩的宝典。我的孩子们也有缺点，也会犯很多错误，就像我一样。我的孩子们也不总是彬彬有礼，有时也缺乏耐心，不够整洁，不够明智，不够安静，而我有时也是如此。如果真有什么秘诀可以养育出最安静、最快乐、最温和、最听话、最好、最贴心、最大方有礼的孩子，早在几千年前就应该有人弄清楚了，我们早就都遵循这个秘诀养儿育女了，教育出来的孩子也会像同一个生产线上出来的了（那样的话我们就不会那么缺觉了）。

实际上每位父母都是不同的，每名婴儿也千差万别，孩子是家庭与社会变迁的共同产品而不是某种育儿方式的产物。

我为你讲述的故事，是关于我们的日日夜夜如何度过，我们为什么要那样做，我们和孩子乃至社会从中得到了什么益处。我会用一种通俗易懂、简单易学的方式呈现我们的故事、我们的奋斗和我们的成功，我将之浓缩为婴儿的五个需要和四个不需要（尽管有的人看法相反）。简而言之，婴儿需要的是：1）顺产；2）食物；3）白天抱着；4）晚上搂着（新晋父母们：注意哦！）；5）坐宝宝马桶。婴儿不需要的是：1）一大堆东西（节俭的父母：乐疯了吧！）；2）不必要的医疗介入；3）过早学习；4）严厉的管教。

每章都会讲述我的个人经历、我的反思和看法。我会告诉你我们做决定所依据的研究基础、探讨结果和相关益处，你还能知道能从哪里可以了解更多知识以便做出明智的选择。我会告诉你让我们大吃一惊的事情，有时候还会分享什么方法对我们效果不佳以及为什么。但是，这不是一本育儿书。如果非要说它是，那它和我读过的那些育儿书截然不同。育儿书大多声称"我已经弄清了怎样（你可以在这里填上任何你想让你的宝宝做的事情）。来读这本书吧，你就会和我一样育儿成功！"育儿书往往让我深感挫败和不足，因为我不能或者不愿意让我的宝宝如何如何（还是填空）。我向你保证我不知道怎么养育你的孩子；我只知道如何养育我的孩子。这不是一本评判孰优孰劣的书。这不是那种解释为什么你对宝宝所做的或想做的是个错误的书，也不是那种指责你的自私与粗暴的育儿方式将对孩子造成永久伤害的书。

事实上只有你和你的家人有权决定如何养育你的子女。

最后要说的是，这本书讲述的，既不是那种难以实现又奢侈的生活方式，也不是名人们奢华舒适同时又有全天候保姆服侍的特权阶级的生活方式。我愿意与你分享我的生活与育儿方式，因为我相信这种育儿理念，并且每天、每小时和每分钟都在身体力行。我没有管家，没雇保姆，也没有临时保姆，没有亲戚帮忙照顾孩子，没有厨师，没有私人培训师来帮我养育宝宝。我和我丈夫是孩子们的唯一照料者，我们没有任何外援。6年来我们只单独出去过3次，我们仅有的假期都是和孩子一起度过的。除了我怀了第一个儿子时的那次出游，我们再也没有一次浪漫的、说走就走的旅行，而那次出游也没什么浪漫可言，因为当时我怀孕的月份比较大，我简直需要一副担架才能到处移动。现在，我怎么也想不明白我当时为什么非要穿孕妇比基尼。

对于我的家庭来说，解决之道是我修完了我的学位，但是不再寻求学术界的职位，因为那种工作不允许我来实践我所信奉的育儿原则。在我的第二个儿子度过婴儿时期之后，我又重返演艺圈，演艺工作使我有更灵活的时间安排，随时可以照顾我的儿子，也不需要对睡眠安排做出调整，因为我们总是全家一起出动。我每天都可以常常看到孩子，甚至工作的时候也是如此。我那又有勇气又有耐心的丈夫，在修完硕士学位后就没再攻读博士学位，而是选择留在家里和孩子们在一起，这样一来，当我有戏要拍时，照顾孩子们的是他们尽职尽责、能力非凡又充满爱心的父亲。

利用亲密育儿理论的原则去养育子女，其实就是返璞归真，珍视你们所做的选择并且从中受益，这样你就能和你的孩子们在一起，和配偶互相恋慕，对生活感到心满意足。

在你准备埋头苦读这本书的时候，我恳求你忘掉以前了解到的育儿知识，忘掉传统的育儿书所说的那些"真理"，权当自己是张白纸。当然了，这张白纸实际上也并非真的一片空白。它含有上百亿的氨基酸，全都站成一排，随时准备出发：你的基因代

23

码、你的DNA是你的思想、愿望和行动的基础。智慧就在那里，你只需学会相信自己，发掘出你的本能。

我知道在养育子女这件事上，有许多方面让你觉得绝非出于自然或者本能。毕竟，把一个几千克重的婴儿从你体内生出来怎么能算顺其自然呢？好几年没有一次连续睡过3小时以上怎么能说是合乎本能的事儿呢？继续读吧，不要先入为主，因为开阔的思维能为你带来难以置信的反思。当你因为某个出于好心的朋友、医生或陌生人告诉你的育儿理念感到纠结的时候，那就证明你的DNA正在努力地向你呼唤，让你忘却身边那些有关"流行的"育儿建议的喧嚣。尽管拥有这个星球上每位父母本该拥有的知识和支持，寻获直觉并不意味着做父母变得更加简单，但是它可以让育儿变得更有意义，更妙趣横生，更加确信生命的意义。如果我们遵循我们的直觉，等待我们的，将是更好的回报。

什么是亲密育儿法？
依恋与直觉的科学

当人们听说我拥有神经科学的博士学位时，他们会认为我是个绝顶聪明的人。其实，我并不聪明，我只是坚持不懈。通常，我只在称呼自己为"妈妈博士"的时候才提到自己的博士头衔，因为我的大部分时间都花在了对我两个孩子的观察、研究、解困、理解和疼爱上面。当人们了解到我的育儿方法时，他们要不就是觉得我的育儿方式与我攻读的学位毫无关联，要不就是担心必须得达到我这种教育程度才能够成功地实施这种育儿方式。这两种想法都是错误的。

我在加州大学洛杉矶分校读了5年博士的时候，有了第一个儿子。我本来打算成为一名科研教授，主攻激素对于特教儿童中强迫症患者的作用，这也是我的博士论文题目。

然而，一有了迈尔斯，我的世界观发生了戏剧性的变化，我心心念念的都是如何能与我的孩子更多地共处，而不是待在实验室或装满别人孩子的教室里。我就是想尽可能多地和我的宝宝待在一起。然而，帮我做出这个私人决定的正是我从神经科学中学到的信息——特别是发育神经科学和人类依恋行为的内分泌学，这两门学问都是我写博士论文所需要的背景知识。

难道只有神经科学专业的博士才能运用亲密育儿法的概念吗？当然不是了！我的学术背景只是为我的选择提供了事实根据，为我提供了独特的视角，令我更加自信。我所拥护的育儿方式并不是那种溺爱式的，不是为那些有大把时间、金钱或者一队保姆的人准备的。它是一种从进化意义上更有益的保障，通过心理学上所谓的"安全型依恋"使婴儿的大脑得到最佳发展并促进他们的社交发展。接下来让我们来学习一点点大脑的需求、婴儿的需要以及为什么我实施的育儿方式有助于轻而易举地达成那些需求。

了解大脑发育的基本过程

作为人类，我们大脑的主要用途是慈爱、拥抱和安全型依恋。原因主要有以下几点。

★出生的巧妙设计

我们出生时大脑发育不全。这是因为经过数十万年的进化实践，我们所拥有的技能与智力——说话与推理的能力、爱的能力、记忆力以及理解复杂事物的能力，比如你挚爱的祖母身上散发的是怎样的味道，你在香水瓶中闻到她常用的香水味儿又是如何让你想起坐在她大腿上吃她做的饼干的往事——这些全都需要占用一定的大脑空间。

如果大脑在出生之时就可以容纳这么多内容，大脑将过于庞大，婴儿的脑袋就真的无法通过产道了，新生儿的大脑根本没有足够的空间来承载成熟大脑所储存的所有东西。

大自然因此做了这样的设计：婴儿出生时的大脑并未发育完

全，需要在离开母体一年后才能完成生长。所以现在你知道了为什么让婴儿的头从你身体中出来是个奇迹了：大自然给了我们尽可能大的脑袋，以便能够容纳尽可能大的大脑。如果人类的脑袋再小一点儿，我们就没有现在这么聪明；如果它再大一点儿，婴儿就根本无法通过产道！感谢你，大自然，因为你的独特设计让分娩变得容易多了！

★我们的大脑需要爱

有时，一些非常不幸甚至悲惨的事件促成了科学上的进步。例如，美国内战期间，战场上大量伤员的出现促使我们在外科手术和截肢术上取得了巨大进步。一个与亲密育儿法的相关的例子发生在罗马尼亚，在过去的三十多年里，那里严酷的政治气候和社会环境致使数以千计的婴儿出生在无力或无意照顾他们的家庭里。结果，数以万计的罗马尼亚婴儿和幼儿被迫进入拥挤且资金匮乏的孤儿院，在那里，他们只能靠自己来满足自己的身体需求和情感需求。这个灾难性的悲剧导致了次生悲剧的发生：这些孩子的需求基本上无法成功地得到满足，于是，他们成了反面典型，证明了缺乏抚触、关心和爱的儿童无法茁壮成长——他们变得消瘦，容易生病，此外，因为缺乏足够的关注还受到了精神上的创伤。

这种精神上的创伤往往是不可逆的。

其中的道理似乎仅凭直觉就可理解，但这个"意外的"实验（还有全世界各个地区发生的类似情况）提供了有力的证据，它证明了只有孩子们的需求得到及时回应，他们才可能更好地成长，完全发挥出他们的潜能。我们在日常生活中很少会遭遇这样极端悲惨的状况，但婴儿的大脑就像一块海绵，可以吸收各种各样的信息；在最初几个月和最初几年我们所教给他们的经验，最终会成为不可磨灭的印记，影响着他们未来的心理体验。如果孩子们的需求能够经常得到回应，他们就会明白他们的需求是重要的，如果他们把它表达出来就一定能得到反馈，他们会知道有效的沟通总是可以让他们的需求得到有效的满足。懂得这个道理的孩子不会被宠坏，也不会使用手腕操控大人，不会变得娇生惯养；相反，他们知道自己对于某个爱他们的人来说是重要的，他们会学会用自己的行为以及和他人的交流来回报这种善意。

你可能听人说过，在一岁以前，宝宝的想法和需求是一回事儿。这意味着，特别是在宝宝出生的一年之内，宝宝提出的要求（通常是通过哭或号叫，直到他们的语言能力进一步提高）应该被看作是他们的实际需求。最容易理解的莫过于吃奶和睡觉的想法。然而，想要被抱着、被搂着、被抚摸或者被哄着等也是一种需求。这些互动有助于婴儿大脑的发育，他们可以对依赖和关心这两个概念建立健康的认知，为将来打下基础，这样他们的一生当中才会充满乐观的期待，知道如何恰当地表达自己的需求，而当别人向他们提出请求时，他们也能给别人积极的回报。

★我们的大脑需要安全型依恋

20世纪60年代末期，心理学家约翰·鲍比将依恋定义为"人类之间持久的心理联系"。他指出了四个事实：

1）我们想和那些与我们有亲密关系的人（我们的"依恋人

物"通常是父母)保持身体上的接触。

2)当我们依恋的人为我们提供安全的家庭后盾时,我们才会去探索周围环境。

3)当我们感到恐惧或受到威胁的时候,我们会表现出回到"依恋人物"身边,寻求安全感的愿望。

4)当我们与我们依恋的人被迫分离的时候,就会紧张不安。

鲍比研究了许多孩子和家长。他的研究对象既有问题家庭也有"正常"家庭。他的研究确立了四种主要的依恋类型。

依恋类型	儿童的表现	成人的表现
矛盾型	拒绝寻求安慰,表现出困惑与恐惧,不得不照顾父母的感情需要	焦虑,抑郁,发育问题,人格分裂倾向,暴躁好斗
逃避型	规避从父母那里需求安慰,似乎不明白来自陌生人的安慰与来自父母的安慰有何区别	不会处理亲密关系问题,不会处理需要情感投入的关系,不能与他人分享心事
抗拒型	对陌生人充满警惕,如果父母离开房间会变得非常沮丧,即使父母回来了也还是不开心,并且哄不好	与他人接近时小心提防,过于担心别人讨厌自己,当某个关系结束的时候极度沮丧
安全型	很好地应付与父母的分离,害怕时从父母那里寻找安慰,父母回来时积极打招呼,更喜欢父母而不是陌生人	对亲情爱情等各种关系充满信任与爱,自尊自重,愿意与他人分享情绪,寻求社交支持

如果你不喜欢看表格，我可以换种说法：矛盾型依恋的儿童经历了太多精神创伤，这通常是由忽视和/或体罚、虐待引起的，他们总是表现出惊慌和恐惧。他们常常反过来成了照顾父母需求的人，当他们长大成人时会无法和他人建立关系，常常被人说成是问题重重的人。逃避型依恋模式的儿童不向父母寻求安慰，因为他们在父母那里无法得到应有的抚慰。这些儿童看不出在满足或照顾他们的需求方面，父母和陌生人有什么不同。成人之后，他们容易遇到亲密关系方面的问题，不知道如何与人建立各种关系，他们也不愿意与他人分享心事。抗拒型依恋的儿童曾有过与父母关系破裂的经历，他们的父母往往无力应付他们自己的生活与压力。这些孩子表现得犹豫不决，害怕生人，父母离开房间时显得极其沮丧，即使父母回来也无法平静下来。在成人阶段具有抗拒型依恋模式的人害怕与人接近，如果感情破裂，就会陷入抑郁之中。

安全型依恋模式的儿童可以很轻松地与父母分离，当重新和父母在一起的时候也有良好的反应，他们会从父母那里寻求安慰和安全感，更喜欢父母而不是陌生人的陪伴。

长大之后，安全型依恋的人能与他人建立良好健康的关系，自尊自爱，愿意与人分享情绪，需要情感支持时会适时寻求帮助。我们都想把孩子培养成这个依恋类型的儿童。

从现代心理学普遍接受的各个依恋类型就可以看出，并没有人们担心的那种"被宠坏"的类型，也没有什么"耍手腕控制父母、牢骚不断"的类型。想想你的孩子是否属于安全依恋类型，这有助于帮助你摆脱大众传媒和育婴书给出的陈旧看法和武断的说法，传统的育儿观要孩子在还不会系鞋带的时候就让他们成为

"小大人儿"，举止谦恭有礼，具有独立精神，甚至能完全自立，这真的对吗？实际上，决定一个孩子能否在人际关系和其他方面取得成功的真正基础是信任、爱与关心。我们都想要那种安全型依恋的孩子，尽管独立是一个非常重要的品质，安全的依赖也同样重要。

在平常的儿童抽样调查中很少看到导致矛盾型、逃避型和抗拒型依恋的情况发生，但是它们说明了儿童对于我们的对待、交流和关心是多么敏感。亲密育儿法能够促进安全的依赖关系，从而为将来的独立打下坚实的基础。那些不强迫孩子独立的家庭鼓励孩子以自己的速度成长，充分地表达他们的需要，感到自己能完全得到理解。这种育儿方式并不是培养出安全型依恋儿童的唯一方式，但是根据我的经验和观察，我宁愿选择双管齐下，让这条路成为与孩子建立简单顺畅关系的阳关大道。

我再重申一次：我不是在说，如果你不实施亲密育儿法，你的孩子就会表现出矛盾型、逃避型或抗拒型的依恋模式。不如这样说吧，了解依恋类型的相关知识后，你就能够明白依恋理论对于我所提倡的育儿理念有何意义了。

其他你应该知道的科学知识

科学知识我们就差不多普及完了，不过我们还得再学几个你随处都能听到的术语吧，这些术语到处可见，但人们可能并不明白它们的真正意思。我会让我的介绍尽量简单易懂。

★激素

你可能听说过各种各样的激素，比如，处于青春期的青少年的激素，或者妇女更年期所用的激素替代疗法。也许你还听说过类固醇也是激素，事实也确实如此。实际情况是这样的：在你的大脑的中央有一个由细胞和"信息高速公路"组成的小小结构，它就是下丘脑。它与脑垂体相连。下丘脑和脑垂体共同对你身体中的所有进程发挥直接作用，管理睡眠、性发育与性行为、增重和减重、口渴甚至情绪健康等。它们在育儿的各个方面也发挥着巨大的作用。这么小的结构是如何完成这些任务的呢？秘密就是激素。

激素是下丘脑和脑垂体所分泌的化学物质。它们进入你的血流当中，以各种方式影响你的身体。我们能想到的所有关于生儿育女的事情都是由来自大脑这两个神奇区域的激素负责的：怀孕和保胎、生产、分娩、接生、喂奶、与宝宝建立亲密联系并感到母子连心、胜任母职，甚至产子后让身体恢复到孕前状态，所有这些都是由激素掌控的。

育儿过程中最主要的激素是后叶催产素和后叶加压素。对几百个物种（包括人类）的数千个个案研究证实，如果你的大脑和身体中没有足够的催产素和加压素，像怀孕、安全分娩、喂奶、让子宫恢复原状、爱护与照料宝宝等事情将会出现截然不同的惊人结果。

健康的育儿经历——无论是一只鸟，一个啮齿类动物，一只猫，一只大猩猩，还是一个人——都需要有健康的激素。

我为什么要跟你讲这些呢？因为所有这些都不是偶然发生的。大自然为我们设计了大脑和身体，使我们能够以最佳状态育儿，也就是说，生小孩，保护他们，抚养他们，绵延这个物种。例如，当母体妊娠约40周时，胎儿的头会开始推挤母体闭合的子宫颈，这时母亲身体里就会释放出催产素。催产素让子宫开始收缩，将婴儿推出产道，让他来到这个世界上。此外，为新生儿喂奶也会促进催产素的分泌，这时的催产素有两个作用：让乳汁更易从乳房流出，还能促进子宫收缩让它尽快恢复到原来的大小。如果子宫不能够在相对短的时间内较快复原，对产妇是非常危险的。因此，医院的医生们宁可谨慎过头，也会让妇女在生产之时打一种叫作缩宫素的合成催产素，无论她是否准备母乳喂养。

甚至是在人类出现在这个星球上之前，大自然就已经为生儿育女预设了程序，生育的各个方面都有其存在的合理原因。"自然"方法下的怀孕、分娩、喂养和照料取决于所有动物共有的那些激素。所以不要恐慌：激素在掌控大局，你能行！

关键信息 　催产素和加压素在你体内自然地协作，让你的身体为生育做好各种准备，达到最佳状态！

★认为身体与心灵相通

并不是只有流行心理学或者东方哲学才认为身体与心灵相通。从神经生物学的角度来看，这种观点也是有依据的。你身体内的所有激素作用于大脑中控制情感的部分，有些激素还能同时从身体和情感两方面作用于你的某种体验。比如，催产素能够让人产生一种满足感和愉悦感。我们怎么知道的呢？既然我已经告诉你了催产素掌管肌肉收缩，那么你听到下面的事实就不会感到奇怪了，虽然分泌的数量和影响的区域不同，但催产素正是你体验高潮的时候所分泌的激素！必须明确指出，哺乳和分娩虽然和高潮不是一种感觉，但是它们的某些方面也是能够带来愉悦感的，大自然希望如此，因为这样你才会愿意抚育子女并且生更多的孩子！催产素还是负责帮助我们体验信任感的激素，而信任感无论对于分娩，还是对于与某人发生可能导致怀孕且将对方的基因传承到下一代的性关系，都是至关重要的。我还要重申一次：这当中没有什么是偶然！大自然利用激素帮你具备成为父母的可能性，并且体验那些对于为人父母来说非常关键的情感。

激素是保持我们的身体和思想正常运转不可或缺的要素。

★直觉

现在，在激素对育儿的影响这方面，你也算得上专家了，了解了激素对于身体和情感两方面的作用之后，你就能理解直觉和本能都不是凭空捏造的事实了。

它们是你大脑和身体当中的化学物质相互作用的结果，它们告诉你该做什么以及怎么去做。这就是直觉！

有关为人父母的直觉的这种概念，是建立在我们的DNA是如何被组合设计的基础之上的。现代的父母们总是依赖医学专业人士给予他们的育儿指导，然后再决定如何养育自己的孩子。而我希望你也能够开始相信这一点：我们直觉地知道如何理解一个婴儿的哭声和其他信号；在分娩的时候，我们知道怎样生孩子，知道怎么做是对的；我们知道如何为人父母。拥有直觉是从我们这个物种诞生之初就有的、与生俱来的天赋，这让我们更容易明白婴儿发出的各种信号，更会照料婴儿并且更加享受为人父母的乐趣。为什么非要和自然以及那些激素对抗呢？

　　进化赋予了你利用直觉享受为人父母各个阶段的权利。你生来就有资格为人父母！

我漏掉了什么？

　　你可能已经注意到了，在我目前所说的所有关于育儿科学的言语中，好像遗漏了三个词，而这三个词正是在任何一本传统育儿书中随处可见的。这三个词语是：时间表、训练和独立。为什么呢？

1）宝宝们不需要时间表，父母才需要

　　对于新生儿来说，根本没有成长进度这回事儿。新生的婴儿对于白天和夜晚全没概念，无论你是累了，生气了，生理期综合征发作了，还是你因为肥皂剧里面的主人公分手而郁闷了，你的宝宝都不会对你表现出任何的关心和同情。他们没有时间表，因为他们根本不需要。

　　至少在他们生命的第一年中，他们想要的就是他们的真实需要。这就意味着如果他们想吃奶，他们是确实需要吃奶了。如果他们想睡觉，他们是真的困了。如果他们想让你抱，他们是真的需要被抱着了。这听起来似乎有些令人望而生畏，筋疲力尽，但

事实确实如此。但是这样做并不是没有好处的，我觉得如果你能试着顺其自然并看看效果如何，至少能减少很多闹剧的发生，我在后面讲述夜间育儿的章节会强调这一点。

2）宝宝们不需要接受训练

许多人选择训练他们的宝宝，因为他们被告知宝宝太依恋他们了，甚至玩弄他们于股掌之上，太黏人了等。训练，是父母们觉得无所适从的时候得到最多的建议。育儿顾问、小儿科医生、护士、家人和朋友都愿意建议你训练孩子自己睡觉，或者给孩子养成不那么依赖你的条件反射，但是就像你将会在这本书里看到的那样，按照天然的直觉来养育你的孩子，将会让你有耳目一新的感觉，将使你明白孩子究竟渴求什么，怎么做才能让每个人都开心（甚至是神清气爽）。

3）与世界上其他地方以及其他灵长目动物相比，我们的文化太重视过早独立

父母们经常被告知，他们的婴儿在只有几个月大的时候就应该学会睡整觉，应该学会自我安抚，不应该受到太多的关注（这种建议令我震惊不已，即使我听到的是6个月大、9个月大、12个月大甚至18个月大）。我们的文化觉得好的宝宝应该自己坐着玩儿（因而从理论上讲做到自娱自乐——对此我只能呵呵了！），讲话要早（"专家们"说这样宝宝就能更清楚地表达自己的想法，不会因得不到我们的理解而感觉受挫，也不需要我们守在旁边观察他们的需求），应该学会保持安静（哭闹和大声嚷嚷一般不受鼓励，在某些圈子当中甚至会招致严厉的管教）。我们都希

望孩子独立。

那种独立什么时候能够出现因人而异，但是认为只有独立的婴儿才能成长为独立的儿童——这种想法不仅从未被科学证实，而且是很愚蠢的。对于我们和许多父母都行之有效的育儿方式相信：你比其他任何人都了解你的孩子。早期（几岁之内）内对父母有合理依赖的孩子才能也会长成健康、独立的人。

如何开始你的育儿之旅

★优先事项

虽然听起来有些老生常谈，但是我还是要说：你想在自己的墓碑上写点儿什么呢？这个怎么样："这里长眠着某某。他/她是一位忠诚的员工，优秀的打字员，做事非常有条理，凡事以工作为先。人缘好，活着就是为了赚钱，死在满是已经写完的报告的工作台上。"

我不会告诉你我觉得你的墓志铭该说些什么，但是我可以向你保证，你选择怎么去生活，你就会留下什么样的遗产。做一个全心投入的父母，随时陪伴在孩子身边，这比世界上其他任何事都更重要，我这么说可不是以圣母自居。选择和孩子在一起，这是我们能给孩子的最好礼物，毕竟我们都希望自己的孩子长大以后愿意和我们共度时光、向我们征求建议并且尊敬我们。要想得到这样的结果，我们就应该在孩子小的时候陪在他们身边。

这是否意味着你只有成为一名全职妈妈才能做到呢？绝非如此。这是否意味着你要让孩子在家里接受教育以便每分每秒都和孩子在一起呢？也不是。我只是在恳求你，无论当你读到这本书时你的孩子处于哪个阶段，请审视你的内心，忽视你头脑中那些让你不要信我的声音，让你的直觉引导你，去发现自己究竟想要成为什么样的家长。

如果你已经有了孩子，他们对你依赖过度吗？当你不那么留心他们的需要时会有负疚感吗？你是否试图摆脱那种愧疚感，一直对他们或自己说："总得有人去赚钱养家糊口吧！"你是自己想要成为的那种父母吗？如果你还没有为人父母，你觉得你心中的理想父母应该是什么样子的呢？

除了孩子一生中最初的几年，你还有足够多的时间去赚钱，去争取荣耀，去获取成功。凭直觉做父母意味着首先要聆听家人的需要，然后根据那些需要来调整自己的生活，而不是相反的做法。我总是听到夫妻二人告诉我他们都"不得不"工作。虽然有时候确是实情，但是有时候同样是这对夫妻，一边告诉我说他们多么想就待在家里和孩子们在一起，一边却决定住在物价高昂的大都市中的高档社区，开豪车，参加高端旅游。我不是在批评那些想要按这种方式生活的人，但是许多人选择放弃那样的生活方式，以便父母之中能有一个人可以待在家里陪着孩子。很多人对于他们的生活环境做出巨大的改变，愿意舍弃那些优美精致的高品质生活，因为他们真诚地相信和孩子一起更重要。虽然不是每个人都能做到，但是对于许多人来说，孩子是他们要优先考虑的对象，为此对生活做出调整是值得的。

当你成为父母，学会做出优先选择就变得无比重要。你永远也不可能找回在孩子的婴幼儿阶段陪伴他们的机会。那些将铭刻一生的心理印记，那些他们所经历的生活模式，那些他们跟随的节奏，那些他们还不会说话时的体验，正是这些让你的孩子变成了他们5岁、10岁、15岁、25岁甚至35岁时的样子。和从前相比，如今的父母有更多的资源可以利用，可以得到更多的帮助和支持，使他们成为自己想要成为的那种父母。不要等到孩子长大以后才后悔。现在就确定你应该优先考虑的事情，并且让它变成现实。

★ 让你的预期贴近现实

有许多事情是我希望自己在生第一个儿子之前就知道的，其中之一，就是如何更好地让自己的预期更实际。

当你成为一名母亲并选择做一个陪在孩子身边的母亲时，贴近现实的预期就有了一个实际含义，那就是：一天之中，你再也不能完成自己成为母亲之前所能做到的那一切。你再也不能一小时之内做完三道大菜，想坐下来像样地好好吃顿饭也不是一件容易的事。在很长一段时间内，你没法去干洗店，没法逛超市，没时间做头发，没时间洗车，下面的场景就更是别想了：到街角的咖啡店和朋友一起喝杯咖啡，做自己拿手的烤蛋糕，洗个热水澡，给你的配偶准备一顿丰盛的晚餐，到了晚上和爱人尽情亲热，第二天睡个懒觉，然后在乡村俱乐部吃一顿早午餐，喝点香槟，再一起去打场网球（仅仅是想想这些情景我就忍不住笑出声来了！）。有了孩子之后连忘记去厕所这样的事都时有发生。你都会对自己的忍耐力有着惊人的发现。我自己经常会和自己有这样的对话：我们出去之前我要去卫生间。哎呦，我忘了。我们到公园我再去。哎呀妈呀，我又忘了。到饭店再去。哎呀，这么多好吃的从天而降，我都想不起来去了，回家再去。啊？我老公没在家。等他回来我再去（30分钟之后）。好了，他回来了，我能去了。哦，他不也得去吗？等他去完我再去。如此这般……

此外，还有情感的因素：作为一名父母，你的大脑装不下以前容纳的那么多东西。和朋友维系友情变得困难，特别是在孩子只有几个月大的时候。你以前常做的用来减压的事情（健身、按摩或湖边散步）不可能像以前那么频繁了。你总是觉得有无数事情要做，简直千头万绪，你很难集中精力做眼下的事情，即使上班和同事的对话里也总是出现"便便"这类的字眼。

你可能生平第一次觉得你做不到。这一切都是正常的。

我向你保证不会永远如此。情况每天、每小时都在发生变化，甚至比那更加频繁，你对它们的反应也是如此。当形势有所变化的时候，我恳请你不要和它对抗。不要因为自己工作效率不如从前而忧心忡忡，那只会让你更加疲惫，感到自己的不足并产生挫败感。不要试图逆流而上，试着把每波变化都看作一个拥抱。有许多方法可以简单地调整你的生活，从而减轻这种压力（参见第13章关于平衡的内容）。一切都会好起来的，只要你明白，你已经不是以前的那个人了，你已经尽力了。还有许多人能够帮你，让你觉得浑身是劲儿，感到支持的力量，并且对自己的选择心安理得。你会发现更合理、更现实的预期真的能让人如释重负。

★学会对讨厌的人微笑

有些话虽然难听，但我不得不说：当你有了宝宝时，你就会知道许多人有多么烦人。每个人都对你做了或者没做的事情有话要说；每个人都会和你讲某个孩子遭遇了可怕的悲剧，就因为他的父母做了"和你现在做的一模一样的事"，其实那只是个孤立事件而已；每个人都觉得有必要通过动摇你的选择来维护他们被养大或者他们养育孩子的方式；每个人都是专家，比你还了解你的孩子。这些讨厌的人可以发表他们的见解，但你也有权不同意他们的看法。

我绕了很多弯路才明白了这一点。

生了第一个儿子之后，我曾经试图取悦每个人，向他们解释我的做法，为我的选择辩护，但事实是，多数人根本不想听我的理由、我的研究，也不理会我有儿科医生证书这回事儿。他们就是想说自己是对的。别人的意见真的能让你发疯，所以，我建议你先掌握微笑的艺术，深吸一口气，看着眼前这个讨厌鬼时心里想点儿高兴的事儿，然后礼貌地告辞，找个理由离开。

你不需要向别人证明自己是对的，你只要成为最佳的父母就行了。而且你才是养育自己孩子的权威，别人不可能是。

我写这本书是为了帮你建立自信心，而这种自信我以前并未获得。有了自信心，你才能比现在更加相信自己的直觉。你有权力并且应该设定界限，它将成为你为人父母的一个关键技能。那么现在就开始用这个招数对付那些不请自来给你出馊主意的人吧。对着镜子练习，平静的脸上要挂上一丝微笑："谢谢你的建议。我会考虑考虑的。以后再聊，我得去卫生间了！"

★慢慢来

几千年来，传统文化为新手妈妈们设定了大约四十天的调整期。这种被称为"坐月子"的做法符合女人生孩子后身体复原所需要的时间，也有利于保护新妈妈们，让她们不至于太快回去做她们平常做的那些苦差事，使她们可以把精力和资源集中在宝宝身上，同时接受她身边人群的关注、补养和照顾。许多现代父母选择恢复这种做法，我也举双手赞成，即使"坐月子"的日子有所缩短或者形式有所改进。

我曾经指出，有了新生儿之后你不可能完成没有孩子时能够完成的那么多任务，"坐月子"的习俗与这个观点是一致的。一段"调整期"（哪怕只有一个星期）将让你适应新的生活节奏。它使你可以好好观察你的宝宝，不用面临社会活动中太多的难题，不会让正在复原的身体疲惫不堪甚至冒着受伤的危险，也不用担心会忽视自己目前最重要的任务：学会如何去爱并且养育怀中这个小小的、脆弱的又完全不可思议的宝宝。

如果你觉得这些根本无法实现，而且你已经开始想象孩子出生后你需要做的一箩筐事情，那么你更有理由要这么做。有些人执行"卧床7天，在床上休息7天，在床周围活动7天"的做法，这确实很有道理。还有些人坐足40天的月子（这个数字来自6周之数，正好与产后检查的时间相合），另外还有些人做些力所能及的事情，尝试安逸舒适的生活环境之外的生活方式，以了解他们现在乃至今后的新生活的本来面目。

无论你选择哪种做法，要知道生孩子是一件非常奇妙却又极其恐怖的事情。在许多方面而言，你和新生儿的感觉有很多相似之处：你手忙脚乱，毫无准备，不知道该如何表达自己的需要，还急需洗个热水澡。你所熟悉的生活已经结束了，现在的生活可不像在度假般美好悠闲。要温柔地对待自己，允许自己放慢脚步。这对你和孩子都有好处，可以帮你顺利完成从没宝宝到有宝宝的过渡。顺便说一句，如果有了2号宝宝、3号宝宝，你同样可以这么做。可能会有所区别，你可以自己决定，并让调整期展现它的魔力。

准备好了吗？

你现在已经了解了一些科学背景知识，这能帮助你理解亲密育儿法为何符合进化论观点。我已经讲述了一些关于安全型依恋的问题，还谈到了一些影响你身体和精神的激素以及它们如何帮助你自然而然地了解如何为人父母。我还为你提供了一些建议，帮你为新的旅程做好准备。现在，抓紧帽子，戴好眼镜——这将是一次狂野的兜风！

第二部分

婴儿的需要

婴儿需要一个顺畅的通道：出生与调整

把自己想象成荒野中的一个动物。什么哺乳动物都行：狮子、羚羊或者熊。要不就再疯狂点儿，选个人类的"表亲"：一个灵长目动物，猩猩怎么样？

好了，现在你身处一片荒野之中并且怀有身孕。怎么才能知道什么时候该生产了呢？没有医生为你检查宫颈扩张或宫颈软化程度，没有胎儿监控仪，没有剥离胎膜，也没有预产期的概念。作为一个哺乳动物，在怀孕的最后几周内，你能体验到来势汹汹的激素的力量，这种力量鼓励你只在"家"周围活动。分娩一般都是晚上开始的，在黑暗之时，催产素（它能刺激分娩）这种激素一般处于分泌峰值。

你悄悄离开你的家人和族群，找到一个安静又安全的地方去分娩。你独自一人，却毫不畏惧。

没有人给你打麻醉针或者镇痛剂，宝宝露头的时候没有人抬起你的大腿或者鼓励你平躺。此外，没有人向你大喊，叫你用力，你只能听从身体的反应，当除了用力别无办法的时候你就开始用力。你查看你的新生儿，吃掉绕在婴儿身上的高蛋白胎盘，然后你开始喂奶。没有人帮你用水清洗婴儿，也没人帮你清洁宝宝眼睛里的分泌物，更没有人给孩子打什么免疫针。你回到家人和朋友身边，和婴儿睡在一起。

祝贺你：你刚刚听从大脑中原始而又古老部分的指引生下了一个宝宝！大脑的这个部分就是在令人满意的性生活当中发挥作用的那个区域。当原始的大脑开始运转的时候，它不会介意法国南部的气温，不会关心今年获得奥斯卡奖的女演员走红毯的时候穿的是哪位设计师设计的礼服，也不在乎本地超市里一块面包价值几何。享受美好的性生活不需要智力，生孩子也不需要智力，你需要的是原始的大脑，它无法保证完成条理清楚的对话，但肯定可以完成延续物种所需要的一切。

如果你是一个生活在现代化国家的人类，生孩子和分娩这件事很可能与我们那些哺乳动物亲戚完全不同。怀孕一般被视为需要医疗管理（多数妇女甚至坚持说医生的"化验""证明"她们怀孕了！），而且忙碌的医生和心急的妈妈们常常自作主张地决定孕期已经结束，转而采用人工催产的分娩方式。为了提高效率，有些医生往往没有耐心等待分娩自然开始。美国实施剖宫产手术的比率高居世界前列，徘徊在30%左右，而世界卫生组织建议15%的剖宫产比率，以便确保婴儿和产妇的安全。事实上，当一个国家的剖宫产手术比率上升至15%以上时，手术的风险就大大超出了它所能带来的、所谓的益处。

不必要的医疗介入带来的问题

在某些情况下，医疗介入在分娩中是必要而且有用的。但是，那些也有很多打着"保护"产妇的旗号实则毫无必要的医疗措施被医生们过早实施，它们不但不必要，而且对于妈妈和宝宝是不安全的。不必要的医疗介入增加了各种并发症的可能性。如果没有使用这些医疗措施，这些并发症本不会发生。因此，许多分娩最后衍生出了"滚雪球效应"，也就是说，医疗介入造成的并发症导致了更多的医疗介入，又引起了新的并发症，如此循环。

最令人头疼的是，在启动生产、协助分娩和结束分娩等过程中广泛使用的产科干预措施会干扰我们的直觉和我们身体的直觉。例如，医生有时候会推荐使用产科干预来启动生产，因为人们似乎认为女人的身体不知道怎样（或什么时候）开始分娩。实际上，分娩是由非常强大的激素和肌肉组织控制的，这一自然过程经过数十万年的进化早已非常完善。坦率地说，那种认为哺乳动物的身体需要帮助才能够开始分娩的想法是十分恼人的。在大环境的影响下，准妈妈们已经被洗脑，她们不再倾听自己身体发出的信号，她们的情感健康和安全感受到干扰。她们不信任自己，对于原本非常自然的事情也要向外界寻求帮助和指导，仿佛只有这样她们才能觉得放心。

在我第一次生孩子的早期阶段，宫缩缓慢而稳定，但是医生觉得还不够密集。他希望能加快这个进程，说了这么一句话："如果我给你人工催产，你没准儿就愿意做剖宫产了。"这句话让我的肾上腺水平一下子爆了棚。离开他的办公室之后，我的宫缩基本上停止了。简单地说，我是被他吓得停止了分娩进程。这种情况经常会发生在准妈妈身上：我们被告知生孩子的进展太慢，结果你看到了吧，我们被吓得根本就没有进展了！

多数妇女的妊娠期是40周，这是个有用的信息，不过预产期是以月经周期来推算的，而不是以真正的受孕日期为基础的，这就可能导致误差，因为哪怕只是提前或错后几天，对于我们选择接受催产或是等待自然分娩都是至关重要的。甚至有报告说接受试管婴儿的妇女妊娠期会更长，所以这些妇女也许需要更长的时间才能开始分娩，甚至有人认为她们不能自然分娩！

在分娩和接生当中应用最普遍的产科干预有：

催产素：它是一种注射到你的血液当中，之后能引起子宫收缩的合成激素。注射催产素可以让分娩进程加速，还可以用来催产。如果医生觉得你应该开始生产了，但是你的身体却没有自行发起那种进程，就可能给你使用催产素。催产素还可以在产后使用，目的是刺激子宫收缩，促使胎盘娩出。一般来说产妇的身体完全可以应付这个进程，根本不需要使用这种药物。如果发生大出血，催产素还可以用来止血。

硬膜外麻醉：它指的是在你的皮肤和脊髓之间注射麻醉剂，麻痹注射部位以下将感觉和痛觉信息传输给大脑的神经。这种麻醉一般要求在整个手术期间同时注射生理盐水（液体），因为硬膜外麻醉每两三小时就要实施一次。

药物：在整个住院生产的历史上，产妇们接受了包括麻醉药和镇静剂在内的各种各样的药物治疗，以此减轻疼痛或解决分娩和接生期间的"情感"需求。

胎头吸引术：如果医生觉得分娩速度太慢，就会将一个真空吸杯放到婴儿的脑袋上，一头系在一个装置上，然后婴儿就被用真空方式从母体内吸了出来。

产钳：在婴儿被认为卡在产道里或者分娩进展太慢的情况下，医生会将一把大钳子放到阴道中婴儿的脑袋周围，然后婴儿就从你的身体里被拽了出来。这种做法在剖宫产术和胎头吸引术大行其道之后就较少使用了。

会阴切开术：是指在会阴和阴道后壁之间进行切口。在某些紧急情况下确实有必要实施会阴切开术，但如今会阴切开术已经越来越普遍，经常在分娩进展缓慢时被实施。还有人标榜会阴切开术可以防止会阴撕裂，但这种说法目前并未得到证实。

美国妇产科医师代表大会宣称正常情况下，会阴切开术是不必要的，只有在特定的急性突发情况中才是有用的。

剖宫产术：剖宫产术是一种大型手术操作，医生在产妇的肚子和子宫上切口以接生婴儿。最早的剖宫产术实施于1881年，它要求使用麻醉剂、镇痛麻醉药，还有疼痛剧烈的愈合过程，产妇的活动能力非常有限。因此，在剖宫产手术愈合期间，你照顾自己和新生儿的能力都会大大削弱。

许多妇女接受剖宫产术的原因，是她们的医生告诉她们说她们的胎儿"太大了"。令人难过的是，在一个以瘦为美压倒一切的社会里，许多妇女听到"你的身材太娇小了，没法自己生"这样的话并不难过。不过我还是得说，我们的身体本来就是可以用来生孩子的。我们的身体被设计得有足够的空间让我们的婴儿成功地通过产道。老天赋予我们这些技能并早已把它预设到我们的DNA中，而且老天给我们的身体构造让我们可以生出大脑袋的婴儿（这样才能有更大的大脑！）。灵长类动物的头部里装着大脑——它是认知、语言和思考的器官。灵长类动物的头部里面有柔软而有韧性的骨板，只有当婴儿离开母体之后才会变硬，这样婴儿就能挤过产道，一大块头盖骨还能保持完整无损——母体也不会受到损伤。婴儿会卡在产道里的念头真的会吓人一跳，但是不该拿它来吓唬产妇。产妇不应该被吓得不敢顺产——那是大自然的意愿。

关于剖宫产术后阴道分娩（VBAC）的旁白：过去人们认为

通过剖宫产术生孩子的妇女如果在之后想尝试顺产，会有子宫破裂的危险，发生率为0.2%~1.5%，也就是500名妇女中只有不到1个人可能发生这种危险。最近，复杂的统计数据表明，子宫破裂在曾经使用过催产素催产的妇女当中发生率最高。显然，这种药力强劲的催产药影响了子宫破裂的发生率。

因此，如果有谁担心子宫破裂，那她害怕的不应该是VBAC，而是人工催产！

在2010年，美国妇产科医师代表大会发表如下声明："对于大多数以前曾经接受过剖宫产术生子的妇女来说，尝试剖宫产术后阴道分娩是安全的，也包括那些做过两次剖宫产手术的妇女。"那些成功地接受了令人满意的VBAC的妇女反馈说，她们感到欢欣鼓舞并充满力量，因为她们的身体有信心并且被相信能够按照大自然的意愿自然分娩。

这就显示了下面这个观点的价值，它也是亲密育儿法的一条金科玉律：生孩子不单单是孩子怎么生出来的问题，它是母亲、婴儿甚至整个家庭共同参与分娩和接生的重要体验。要让自己觉得自己能行！如果你觉得自己既没有决定权又控制不了自己的身体，肯定会感觉很糟、很泄气。对于某些妇女来说，这会导致产后抑郁症和焦虑，甚至怀疑自己做母亲的能力。VBAC群体一直站在风口浪尖之上，她们让人们注意到了这个事实：一位母亲在分娩时的体验是至关重要的，这种体验必将对婴儿产生深远的影响，其重要性远远超过婴儿是从哪个部位生出来的这个问题本身。

话虽这么说，即使你做过剖宫产手术，你的经验仍然是重要的，是有价值的。亲密育儿法重视生产这个阶段的真正意义是让你去了解自己的选择，对自己的分娩和生产有恰当的期待，让你在一个庞大的医学体系迷宫里觉得信心满满。我的一个好朋友原本准备利用催眠自然分娩，结果却做了剖宫产术。她对于整个经历做好了情感上的准备，在整个过程中满怀着奉献、爱与专注实践了催眠术。她本来希望能够采取自然顺产，但是根据她所学习的相关知识，她还是接受了现实。我们要记住这个重要的事实：整个分娩经历从始至终的目的就是要生出一个健康的婴儿。

你做好你该做的，做好准备，然后就看看老天是怎么安排的吧！

如何享受自然分娩并且避免不必要的医疗介入

如果你想攀登珠穆朗玛峰，你会怎么做呢？你可能会找到一个了解珠峰的人，也许甚至是个爬过珠峰的人，哪怕他只爬过一次。你会问他攀登珠峰的感受。你会花时间和他们在一起，弄清楚是什么样的性格帮助他们成功地完成了这一壮举。也许你会和不止一个人交谈，你会弄清楚他们做了哪些别人也做过的事情，又做了哪些别人没做过的事情。你可能会问到这些问题：对于这次攀登我能做些什么准备？我需要掌握什么技能？我该上什么样的训练班？我需要带什么特殊装备？我该带什么食物？需要带什么急救工具？我在情感和心理上得做什么准备来磨炼和完善自己才不致轻易放弃？我爬山的时候应该带上谁？为什么？没有产科干预或药物介入的自然分娩从某种意义上说和攀登珠穆朗玛峰是一样的。

许多产妇对于自然分娩的想法是这样的："我准备试一试，不过如果我自己生不出来，我就打算接受药物，药物的用途不就是这个吗？"让产妇去"试试"自然分娩，却不为她们提供任何相关资源、教育和支持来帮助她们实现这个想法，这简直是在帮倒忙。自然分娩不是什么"试试"的事儿，它是你要学习、准备并且成功完成的事情。它是你事后回想起来感到无比神奇的事情，你的感觉就像……就像你刚刚登上珠穆朗玛峰一样！

下面是我根据自己的经验提出的建议，让你有机会使你的自然分娩变得更有意义、更顺畅、更令人满意。

★参加孕妇训练班

孕妇训练班有很多种。一定要去参加一个为想要自然分娩的孕妇开办的分娩训练班。如果你的伴侣能参与进来当然更好，尤其是那些对于自然分娩的益处和美妙没有什么概念的人。但是如果他们对此不感兴趣，你完全可以自己去这种训练班，千万别为了安抚你的伴侣就选择别的班。为什么呢？因为你才是需要面对分娩这一挑战的人，所以应该由你来决定怎么把孩子生出来！要运用你的直觉，从内心到身体对于生育做好准备。要积累内在的力量、忍耐力和相关知识，这样你才能在适当的时候把它转化成真正的分娩实践。不要参加那种一边大肆夸奖自然分娩的好处，一边却把它和药物催产分娩看成一码事的训练班。从定义上说，它们根本不是一回事儿，也不应该被当作一回事儿。你打算接受自然分娩，却同时被告知药物催产也很不错，这可不是什么好事儿。打个比方说，如果你不打算吃肉，你饿了的时候会选择牛排店吗？这件事也是同样的道理：让你自己去想去的地方，你才会发现自己真的在那儿！

★做好准备

我做过的最漂亮的事之一，就是在两次生孩子之前都读了普通妈妈写的关于自然分娩的生育故事。特别是在第一次生子之后，因为初次分娩的过程和我的预想有所偏差，我急需增加自信心，而这只能从别人的故事中获得。在整个人类育儿史上，妇女一直是从她们的母亲、姑姑阿姨、姐妹和密友那里了解到生孩子到底是什么样的。生孩子这件事并不仅是阳光与玫瑰。读这类书的目的并不是要看那些根本没怎么疼就把孩子生下来的或者那种有超人力量的妇女。我们女人千差万别，我们有不同的疼痛忍耐力、不同的世界观和不同的危机处理方式。

但是在生了孩子之后，我们都是一样的：我们都是母亲。正是通过分享生育分娩的细节——情绪、感觉、冥想、为控制情绪和感觉而进行的沉思、孩子滑出体外的那一瞬间心中的狂喜和矛盾——你才会感觉到自己是这个群体的一部分，所谓母亲，远远不是有一个子宫那么简单。这种姐妹情谊能让你在生产期间一直受到鼓舞。我敢保证这一点。在本章后面的材料你还将了解更多具体建议。

★看录像

瑞奇·雷克和艾比·爱泼斯坦制作的《出生的故事》是一部开创性的纪录片，它运用只有科技才能做到的方式将自然分娩的主张与奇妙之处呈现在公众面前。我恳求你一定要租来看看，即使你觉得你已经决定了是否采取自然分娩。无论你的决定是什么，这个片子都会对你有所帮助。此外，许多不甚知名的纪录片同样展示了美丽的自然生产，既有家庭产房的，也有产科医院的（参见材料）。这些视频并不是要吓唬你或者让你震惊，它们只是描述了实实在在的产妇如何遵循她们的身体本能安全而自然地分娩的故事。我丈夫原本没兴趣看这种纪录片，但最后却被录像及其寓意所吸引，对它们的喜欢甚至超过了我们一起参加的孕妇训练班。

★找一个导乐陪护

导乐陪护是指持有资格认证的分娩教练。她不是你的生活伴侣或爱人，你也不希望她是。在你分娩期间你的伴侣可以为你做很多事，导乐陪护也代替不了配偶的作用。但是，在整个历史上（除了最近的二百来年），都是由妇女帮产妇接生的，受过培训的分娩教练能为你提供伴侣无法提供、也不该提供的支持。当你的肾上腺激素水平高于平时的时候，分娩会进展得非常缓慢，而如果你的伴侣总是在旁边晃悠，你的肾上腺水平没准儿就会爆棚。

这不仅仅是因为有人旁观的因素，也是因为我们长期以来与伴侣之间建立的复杂的情感和心理关系。我们对伴侣有期待，对于他们的表现和支持有先入为主的看法，甚至会在分娩的时候不自觉地想起两人还没吵完的架。这些反应都可能会影响到子宫颈的收缩，在你原本想让它开启的时候却造成了它的闭合。

导乐陪护能为你提供量身定做的一条龙援助服务，让催眠和放松变得更容易，在必要的时候还可以让你的配偶得空稍作休息，这样当你需要他在场的时候他才能一直陪在你身边。导乐陪护在产科医院和家庭产房工作都可以，无论你计划的分娩方式是什么，她们都能为你提供帮助。她们可以帮你准备一份分娩计划或者愿望清单，这对于任何一个分娩的人来说都是一份关键的文件，无论你是不是在家分娩，是不是自然分娩，这份清单能够将你分娩时想要的东西落实到笔头上（参见分娩愿望清单工作表）。

雇佣一名导乐陪护对于你的计划而言是一个明智而且物有所值的投资，因为雇佣导乐陪护的产妇接受产科干预措施的比率要低得多，被迫接受剖宫产手术的人数也少得多。导乐服务的价格从几千到几万元不等，有些还会额外提供专业摄影，为你写生育故事，帮你针灸治疗，提供产后帮助和检查等特色服务。不是只有生育过的妇女才能成为一名优秀的导乐员，所以应该思想开阔一些，记住实习导乐员也具有专业技能，也可以向她们寻求专业服务，而且雇佣她们的价格往往也更低廉，因为她们正在攒资历以便尽快获得专业证书。

★选对医生

选择产科医生的时候，要打听一下他/她做剖宫产术的比率有多少，对于已经过了预产期的孕妇是什么态度。问得具体一些，弄清楚所有你需要知道的事情，以便确认这个产科医生对于女性的身体及其天生的分娩能力的态度。

不要只听见你愿意听的那些话，要客观地聆听他们正在表达的意思。听听他们对你的问题和担忧有怎样的反应，因为那正是你真正分娩的时候他们对你的问题和担忧所持的态度。弄清楚你的产科医生和妇产医院关于是否使用胎儿监护仪和巡防等问题有何规定。在分娩期间有开放式淋浴或者浴盆可用吗？记住哺乳动物和女人都应该顺畅而平静地在黑暗而安全的地方分娩，尽量减少旁观和干扰。为了达到这个要求，注意一下你的产房里面是否能照到自然光。产房里有窗户吗？我的一个朋友拒绝了（在我看来非常合理）一个医院，因为那里的产房没有窗户。她说感觉就好像她要在监狱里生孩子似的——说的没错。这个医院有分娩期间可以用来倚靠的分娩柱或者可以坐在上面弹来弹去以减轻疼痛感的分娩球吗？无论你在哪儿生孩子，那里总应该给你一点儿"家"的感觉，不管你是怎么定义"家的感觉"，也不管你怎么让它有家的感觉。这些都是人们很少关心的小细节，但是却对你的分娩有很大的影响。我还要再说一次：手边要有填好的分娩计划，无论你想用哪种方式分娩。

★选择朋友圈

如果你怀孕了，不要去听那些关于自然分娩失败甚至为此失去婴儿的故事。找到一句话来应付那些给你讲这种故事的人。我建议的是："感谢你愿意讲给我听，不过我现在没空听（我不想听），我目前对生孩子的故事太敏感，我得去洗头和做头发护理了。"要学会说"不"并且相信你的拒绝会得到尊重。在孩子一岁以内，你将会无数次地用到这个技巧，因为在那个阶段，总会有人自作多情地给你各种建议，像怎么喂奶、为什么要喂奶、什么时候喂奶、在哪里喂奶等，还会问你为什么总是用妈妈袋背着孩子，为什么总抱着孩子，为什么总是爱抚他们……你懂的！

对着镜子一遍一遍地练习："非常感谢！"在所有以上提到的状况下都可以用上这句话，即使它语法不通，或者会让人迷惑不解。"你为什么又给孩子喂奶了？""非常感谢！""你为什么总抱着孩子？""非常感谢！"说完这些话，去和那些曾经有过顺产经历的女人聊一聊。总的来说，那些有过自然生产经历的妇女更能理解不去恐吓待产孕妇的重要性。所以，如果你朋友的朋友是曾经自然分娩的女人（像我一样），那就让你的朋友介绍你认识这个顺产的女人，然后和她谈谈她的成功分娩经验。弄清楚什么方法对她起了作用，什么方法没用，她生产的时候发出了什么声音，她当时都有什么感觉，推力是什么样子的，她的丈夫做了什么或者没做什么，孩子出来的时候是什么感觉，她现在的感觉又是如何等。对你来说，每个婴儿自然娩出的机会只有一次，因此你要尽一切所能让它发生——也让这种姐妹情发生！

★主动出击

找出重视和支持自然分娩的组织机构是你自己的责任。这样你才能让自己充满力量，并且建立一个庞大的后援姐妹团，在自然分娩的路上给你大力支持。国际母乳协会是个提倡母乳喂养的组织，它也非常重视妇女在生育方面的自主决定权。他们经常举办气氛亲和又妙趣横生的各种会议，这些会议总是对孕妇开放。每次我参与这类会议的时候，我们都欢迎孕妇来聆听我们母乳喂养的故事，这些故事中往往包含了我们对于自己的身体以及自己的决定的信心与信任。每个会议和团体都有所不同，但是无论你的需要是什么，你一定能找到一个非常出色的组织，帮你在其他姐妹的支持下满怀信心地完成生育之旅。

★要真实

女人们（还有男人们）经常问我生孩子有多疼的问题。下面是我的总结：要想有一次并不全是疼痛和受苦的自然分娩过程不是难事。分娩并不是个充满痛苦或者让人恐惧的过程；相反，分娩是个专注的过程，需要大量身体上和大脑上的专注力和精力。

选择自然分娩的妇女能够利用的方法包括以上的一些建议，例如雇一位导乐员，选择重视并相信自然分娩的妇产科医生和医院，但是在控制恐惧心理方面你能做的最重要的一件事或许就是去学习一个新的理念，重塑自己对于疼痛的理解和体验。这听起来似乎让人望而却步，但是很多普普通通的妇女通过自我催眠、深度放松和冥想等技巧做到了这一点。

作为一名神经科学家，我可以从神经科学的角度解释为什么会如此，但是这种解释没什么必要。相信自己能够彻底改变你对分娩过程中的各种强烈感受的理解与体验。你可以无痛苦、无恐惧并且无悔意地完成自然分娩。接下来我要为你讲述我自己的生产故事。

我的经历

在我第一次怀孕的最后一个月里，我体验了一个自我催眠的项目，是在我自己家里舒舒服服地进行的。每晚睡觉前我用耳机听这个项目的CD，白天也听一次。除了教你如何进行自我催眠，每张CD都有一个以生产和分娩理念为主的放松训练，还包括一些让你相信自己的身体本能与智慧的内容。

催眠基本上就是教会自己深度放松，你所学到的那些理念和方法能帮助你控制痛感，能帮你顺利度过分娩中一次又一次"波浪"（这个词是宫缩的替换词，听起来更温和，更具善意）来袭时的强烈冲击。

按照我的计算，我的第一个儿子比预产期晚了两个星期。除了体重大增，我的孕期算得上是顺风顺水，我一直打算在一位有资格证的助产士的帮助下在家里生产，她也接受过紧急救护方面的训练，帮人接生有40年了。我当时还得了妊娠糖尿病（一种在新陈代谢方面和血糖浓度方面类似糖尿病的常见妊娠问题，2%~10%的孕妇受其影响，通常在婴儿出生后会消失），在这种情况下，如果预备妇产科医生觉得有必要的话，他有权力和权威去促成催生。在我的产科医生和助产士的支持下，我决定尝试一些自然的催生方法来启动分娩，因为我的产科医生说，如果我再不开始分娩过程，他就只能为我催生，而且我"很可能最后不得不接受剖宫产手术"，这离我想在家自然生产的愿望实在是太远了。

在最初试图启动分娩进程的尝试中，我用了三种自然催生的方法。首先，我用了各种各样助产士和顺势疗法医生大力推荐的催生办法，旨在促进子宫收缩，这样才能把胎儿"挤出来"。第二，我做了几个疗程的催产针灸，是由一位有经验的执业针灸师进行的，他对于孕期针灸很有经验。第三，我还尝试了艾灸。具体的做法是将艾条举在我肚子上面，目的是刺激胎儿滑向宫颈。

更加"冒进"的催产方法是使用吸奶器和蓖麻油来促进分娩。由于催产素的刺激可以加速子宫收缩从而使分娩开始并持续，刺激乳汁分泌（用吸奶器或者人工方法均可，如果你讲究技法的话后者效果更佳）可以促进催产素的流动，在引发宫缩方面见效奇快！我在生产那几天用了好多次吸奶器，以致开始流出初乳了。（初乳就是你的新生儿刚吃奶的时候你的身体产生的乳汁）。

蓖麻油可真难喝，味道真是不那么爽滑，而且又黏稠又油乎乎的，但是它能引起直肠和子宫肌肉收缩，因此也能促进分娩。

我的羊水在一个周五上午开始部分破裂，在整个周末我用吸奶器保持子宫收缩。在每次宫缩的时候，我在导乐员的指导和监督下开始进行自我催眠，好让我的身体能在一次又一次宫缩的巨浪来袭时顺利度过，宫缩的感觉就像最糟糕的痛经痉挛再乘以50倍，仅供参考。那种强烈的感受与其说是身体上的疼痛，不如说是精神上的煎熬。你得不停地提醒自己这是正常现象，我没事儿，如果我好好调理呼吸并且不恐慌，每次宫缩都会结束，我也能得到喘息的机会。提醒自己记住每次巨浪来袭都是向孩子的出世迈进一步，并且告诉自己一切都会好起来的。

到了周一上午，孩子还没生出来，宫口开了还不到9厘米（9指），我们做了一个并非紧急的决定，就是把我送到医院去。我丈夫开车载着我（宫口已开9厘米，一路上一直在做自我催眠）沿着好莱坞的山路开到医院，到医院后我的导乐员和助产士向分诊护士保证我真正需要的只是一间产房和一针催产剂，因为"已经几乎要生出来了"。我熬过了车上的旅程，用自我催眠法让自己放松，驱走每隔几分钟就出现一次的痛感。在医院的走廊里我还是那么做，每当宫缩袭来，我就安静地靠在我身边的墙上。给我安排了产房之后，我就用上了监控仪，胳膊上扎着静脉注射的管子，在病床上动弹不得。有个非常好心的护士照顾我，但她从来没见过无药物介入的自然分娩。

我的导乐员给她讲了我们的生产计划，温和但坚定地告诉护士们不要问我用不用止痛药。很少剂量的一针催产剂就让我很快开到了10指，在努力了一个半小时之后，我生出了一个重达3.8千克的健康男婴。

他的血糖较低，心率慢，体温也低，医生说这意味着他可能感染了败血症或大肠杆菌。于是在出生几小时后他就被移送到新生儿重症监护室，一路边踢边叫。在重症监护室里，他被放在保温箱里，没完没了地做各种检查，把他细细的静脉血管都要扎坏了，我们心疼无比。有两天的时间都不让我给他喂奶，但是我拒绝让他使用安抚奶嘴或配方奶粉，尽管他们告诉我配方奶粉"和母乳真的没什么区别"。我们在4天里彻夜不眠地守着我们健康的巨婴（按新生儿重症监护室的标准算是巨婴），我每隔两小时就给他泵一次奶，即使后来医院让我出院，我们被迫待在附近旅馆的时候也是如此。最后，医生们没发现孩子有什么非得待在重症监护室的毛病，所以打发我们回家了。自那之后，孩子的心脏、血糖和体温都没出过什么问题，他也没用过抗生素。

这就是我生第一个孩子的简单叙述。医院的经历是我能期待的最好结果了，当然要除去新生儿重症监护室那个插曲。我的生产团队为我选择了最佳的备用方案：在医院不用药物介入的情况下顺产。为了安慰我，我的产科医生解释说，有的产妇的身体就是不知道该在什么时候开始分娩。我一想到如果没有医疗的帮助，我在适者生存的进化中会是被淘汰的那个，然后就会忍不住浑身发抖。

我的第二次怀孕比第一次更健康，也没得妊娠糖尿病，但为了保险起见我还是非常注意饮食的。

我和我的婴儿证明了我们的产科医生是错的，在他认为的预产期的第二天凌晨5点30我开始了分娩。到了那天的上午8点半我就把他生出来了。

这次分娩比任何人预期的都快得多，开到10厘米的整个过程都是靠我自己，手脚并用地爬动和摇晃，盯着大门，汗如雨下，不停地对自己吟唱赞美诗和祷文。我大脑中被我们的文化洗脑认为生孩子特别可怕的思想一度差点儿占据上风：要是没人来怎么办？要是生的时候出事儿怎么办？接下来我该怎么办？但我强迫自己回想我的导乐员和助产士告诉我的知识，还有那些催眠光盘里的鼓励，还有我昨晚重温的那么多成功自然分娩的妇女们的故事。我告诉自己：我能做到。我的身体知道该什么时候生孩子。我天生就有生孩子的能力。我第一次分娩的时候用的自我催眠法这次不太管用，因为我的身体告诉我要多动，我倾听了身体的声音，当我觉得需要活动的时候，我就会活动身体。当我觉得需要大喊出来的时候，我就喊出来。当我需要祈祷的时候，我就祈祷。那些催眠光盘中提到的理念和积极的鼓励已经嵌在我的脑海中，帮我度过了非常强烈但却很迅速的分娩过程。

助产士既有经验又技术娴熟的助手谢丽尔在助产士到达之前先来了，我当时很有哺乳动物的感觉，非常敏感，不想被触碰，也不想说话。一定是我大脑中最原始的本能在发挥作用。我告诉她我觉得有些异样，我的羊水还没有破。当谢丽尔最终说服我让她给我检查开了几指的时候，她告诉我那种"异样的感觉"其实意味着产力开始发动了！我惊呆了。因为刚才在宫缩的剧烈疼痛中我还能集中精力并且感受到欢欣愉悦，我还以为只开了4指呢。我怎么可能一个人就完成了这一切？我感到不可思议。我的导乐员正在帮别人接生，原以为她给那个产妇接生完有足够的时间赶来帮我接生。她只好让同事过来帮我接生，那位同事刚进门介绍完自己就帮我挪到地板上的床垫上，在我用力的时候抓着我的手。

在第一次用尽全力后，羊水囊在婴儿的头上破了，溅了谢丽尔一身（这种现象被称为婴儿在胎膜中出生，是非常特别、非常罕见的情况）。谢丽尔接着非常肯定地说："等会儿，等会儿——脐带绕颈！"我的心脏好像停了一下子，但我耐心地等着助产士的助手迅捷而优雅地将脐带从婴儿的脖子和上身解下来。我的大儿子当时快到3岁了，他在自己的高椅里注视着这一切。一切都像奇迹一般，美好奇妙，令人狂喜。

总结

我的生产经验教会我要相信自己的身体有生产的能力。我相信我知道什么时候开始分娩，也相信我的孩子知道什么时候该出来。那些无论是用自然的还是综合的方法催生出来的婴儿其实都还没有准备好。每个生产的情况都是不同的，在各个领域的自然差异都应该受到尊重，不应该成为一个妈妈感到紧张或难过的诱因；指责她的身体不知道该做什么或者不能和医院制订的时间表保持一致是危险的行为。我在第一次分娩的时候遇到的最大障碍就是被告知我做不到自己分娩，被告知我需要医学的帮助，我被恐惧而不是信心主宰着。

无论你觉得什么对自己更合适，都要保持开明的头脑。即使你自己对自然生产不感兴趣，也要去想想为什么人们对它如此热衷。不要因为人们得依靠教育和支持才能进行自然生产就认为自然生产并不是自然而然的事儿或者认为那不是一般人能做到的，不妨这样去理解：在一个不提倡自然生产的社会文化里，需要做些努力才能重新获得我们对生产和分娩的本能了解、信任和信心。

众多妇女选择自然生产是有原因的，这原因并不是要做一个受难者或者获得自吹自擂的资本。自然生产是一次令人惊喜、给人带来改变的经历，你和你的孩子将终生难忘。这样想吧：你已经知道了怎样才能做得完美。

婴儿需要母乳：
为什么我们要哺乳

　　新生儿在出生后的几秒内就会表现出吃母乳的强烈愿望和能力。有很多视频录像记载了生下来只有几分钟的新生儿是怎样扭动身子拱到妈妈怀里想要吃奶的努力样子。作为雌性哺乳动物，我们拥有能够分泌乳汁的乳腺，还有乳管和乳头，可以年复一年地为幼小的孩子提供滋养和营养。哺乳是自然的，也是美好的，但不幸的是，从20世纪初以来，无论是医学上还是社会上，它的重要性都被大大削弱了。曾经有过一些重新提倡母乳喂养的运动取得了成功，其中做出突出贡献的是20世纪70年代的一些妇女激进主义者，她们也让自然生产的理念重新回到妇女心中。

　　对于婴儿和他们的妈妈们来说幸运的是，自从20世纪70年代以来，母乳喂养已经成为潮流，在某种程度上又得到了鼓励和支持。美国儿科学会、世界卫生组织以及数以百计的其他著名医疗权威机构都认为母乳是最佳选择。然而，仍然有一些激进且具有误导性的运动为妇女们提供配方奶粉，试图贬低母乳喂养的价值（一般都是为了增加某个公司的利润）。有时还会出现对于在公共场合给孩子喂奶的妇女的不公平指责，对于母乳喂养还是有一些令人恐惧的误解，这些错误的想法都是由那些出于善意但却完全不了解母乳喂养原理和益处的人传播的。

为什么要母乳喂养?

在我的两个儿子出生后,我决定成为具有专业资格的哺乳教育顾问,因为我相信母乳喂养的好处,想要告诉别人为什么要母乳喂养,如何才能成功地进行母乳喂养。作为一个努力哺乳两个儿子的人,我想要帮助那些也在努力喂养孩子的新手妈妈。为什么呢?因为母乳喂养令人愉快,从生态角度说是个明智的做法,而且超级方便。它可以降低婴儿生病和被传染的概率,令哺乳的母亲从各个方面受益,从而降低医疗费用,而且在孩子的一生中,母乳喂养将对他的情感和身体造成深远的影响。

母乳喂养需要一个适应的过程,这不仅是因为它涉及液体从你的体内流出(有时候流出的角度无法用牛顿万有引力定律解释),还因为它不仅仅是喂养孩子的一种方法。它是一种生活方式,也是一种哲学,我相信这样的视角能让你对于母乳喂养做出更加明智的决定。

1)母乳是婴儿的最佳食物

作为一个能分泌乳汁、喂养婴儿的哺乳动物,给婴儿喂奶本来就是再正常不过的事情。母乳是营养最全面的食物,它是对抗各种感染、呼吸系统问题和肠道问题的最佳天然武器,甚至对牙齿的发育也至关重要。在婴儿出生的几天内,妈妈乳房所产生的初乳能促使胎便排出体外,促进肠道发育,在肠道内建立有益于喂养和消化的最佳菌群。人造婴儿奶粉(被聪明的生产商们称之为"配方奶粉",就好像婴儿是需要加足马力的赛车一样!)不能做到以上任何一点，因为它只是大自然创造的最佳产物——母乳的替代品而已。

2）母乳喂养对妈妈有好处

母乳喂养是一种妈妈与婴儿之间的联系，你也能从中受益。母乳喂养不可能让你一夜之间变瘦，直到你停止喂奶之前，你可能都会比以前胖一些。但是，你每天只是坐在沙发上也能多消耗一千多卡路里，因为你的身体总是在为了制造乳汁而工作，即使你只是坐着看电视也是如此。母乳喂养还会减少癌症的发病率，包括乳腺癌和卵巢癌。为什么呢？因为大自然本来就是这么设计的，女人就该哺乳，而且在哺乳的时候我们身体中产生的激素能为身体建立起一种特殊的环境，这种环境也是我们本来就该有的。母乳喂养也能降低血压，减少骨质酥松的发生。

3）母乳喂养能建立一种无可替代的亲子依恋

哺乳动物生来就该吃奶。那种亲密、抚触、相互依偎和喂奶的时候所给予的关注和关心使得喂奶成为与你的婴儿建立纽带关系最可靠的方法，能帮助孩子建立影响他们一生的情感健康和心理安全感。我不是说没用母乳喂养的孩子就没被亲密地抱着，没被抚触，没和妈妈相互依偎或没人关心。我只是在说大自然设计了让我们的孩子存活的方式——母乳喂养，这并非偶然。母乳喂养不仅仅是为了方便；它是一种刺激各种激素分泌的方法，能将我们与孩子联系在一起，彼此投入深深的情感。这些激素能帮助我们战胜产后抑郁症，能促进母亲与婴儿之间充满爱意的积极互动。它是确立母子关系最自然、最可靠的方法。全世界都有责任让每位妈妈了解相关知识、掌握相关资源并得到相关支持，从而帮助他们更好地建立起这种天然的纽带。总之，母乳喂养和非母乳喂养绝对不一样，母乳喂养真的很重要。

4）母乳喂养很容易，即使看着挺难

尽管有些妇女一开始会面临某些挑战，但最终母乳总是会有的。它总是温度适宜，也总是气味芳香，你不需要冲兑，也不需要摇晃（除非你真的想那么做），而且如果你想要更多，让婴儿来吮吸就是了，像魔术一般，就会有更多！母乳是免费的，只需要正常让妈妈吃饭，让她喝足够的水，得到应有的休息就可以了！母乳喂养能达到安抚孩子的效果，因为这种方式能通过亲密接触带来温暖和联系。当一会儿孩子的"安慰奶嘴"听起来好像挺累人，但是它能使我们的育儿旅程变得相当简单。在任何时候和任何地点，恐惧、紧张、过度兴奋、孤独和疼痛都可以用喂奶来治疗，并且并非刻意，而是相当自然。喂奶不仅仅是给孩子食物；所有的孩子最终都会断奶，没有哪个研究表明给有需要的孩子喂奶会宠坏孩子或者让孩子变得黏人。

现在，你已经看到了用正常的、大自然设计的完美食物来喂养婴儿的重要意义，接下来我想和你分享我在哺育两个孩子的5年（这个数字仍在持续增长）中遇到的一些意想不到的问题。前六件事让我大吃一惊，后六件事让我喜出望外。

关于母乳喂养让我大吃一惊的六件事

1. 不是每个人一开始就能很轻松地喂奶

这一点让我非常恼火。我们中的有些人在开始母乳喂养的时

候就磕磕绊绊。坦率地说，最初的六周可能会非常具有挑战性，非常让人泄气。我们的工作就是要用我们的乳汁让婴儿活下去，如果我们觉得自己不擅长这份工作，那可就麻烦了。

有些妈妈马上就能给新生儿喂上奶，照一张婴儿心满意足地吃奶的照片，旁边的丈夫满含敬慕地注视着她们，她们从来没遇到过任何问题。我为这些妈妈感到超级高兴。（我也超级妒忌她们，不过我也正努力做到这样）

下面这些问题，我在为每个儿子喂奶的时候都遇到过好几次：

· 当孩子吃奶的时候，我疼得忍不住喊出来，那种疼痛感就好像我的肚子受伤了一样（据我丈夫的描述）。

· 需要服用非处方药物来减轻喂奶初期的不适。

· 乳头堵塞。

· 乳头水泡（想想在你乳头长的巨大的粟粒疹——啊，疼死了！）

· 乳腺炎（乳房感染）。

· 乳头皮肤皲裂。

· 鹅口疮（一种发病于乳头或乳房内部的酵母菌感染，可治疗）。

· 婴儿下巴后陷（最初会使婴儿难以吮吸）。

· 婴儿的嘴和妈妈的乳头相比太小（我也是这样）。

· 我最爱说的问题："非典型"乳头。也就是哺乳咨询师都会告诉你的那种几乎无法哺乳的乳头。如果你患有乳头内陷、假性乳头内陷或扁平乳头，你也能哺乳。我向你保证。相信我。

　　听起来挺有意思，是吧？最初的前六周对我们中有些人来说确实很艰难，但是经过我上面的描述，你再遇到类似问题的时候就不会震惊了。当我开始喂奶并且遇到困难的时候，我不确定自己做的到底是不是"对的"，所以我立即到国际母乳协会那里寻求帮助。在那里我找到了曾经历同样问题并成功解决的妈妈们。有几位非常优秀的（而且头脑非常灵活、乐于助人、不武断）国际母乳协会领导人几乎随时接听我的电话，在我处于歇斯底里、恐惧和疑虑等各种状态的时候给了我帮助。这些朋友在我最初哺乳的几个月一直给我支持，就像灵长类的雌性动物几百万年来所做的那样。

　　我一直和这些帮过我的国际母乳协会负责人们保持联系。当我在社区、公园或市场上遇到她们的时候，我会眼含热泪地告诉我的儿子们："这就是帮助你们有奶吃的阿姨们。"

　　有了这样的支持体系，我才觉得不那么孤独，不那么异于常人，才能更容易地找到帮助以度过最初几周的困难时期，在那之后，一切都变得容易多了！

2. 奶没下来之前，孩子也没事儿

　　在婴儿出生后的2～5天内，你身体内自怀孕时就产生的初乳就会变成真正的母乳。我们的身体天生就有这种功能。如果你的孩子没有并发症，是健康的婴儿，给他喂点儿初乳直到奶下来是完全没问题的。对，你的孩子可能会哭，但那是正常现象，他们的胃还太小，在最初的几天还不需要太多的养料。

　　我听过很多人讲新手妈妈们说不得不给他们的婴儿喂配方奶粉，因为她们的丈夫（或者她们的医生、婆婆或别的什么人）

受不了婴儿的哭声。别理他们。婴儿刚出生，他当然得哭，哭本来就是新生儿生活的一部分。如果你听从了那些因为你的奶还没下来而劝你用配方奶粉的人，就很容易让孩子弄不清哪个才是乳头，从而使他可能更喜欢奶瓶而拒绝你的母乳。单凭这一点就足以毁掉你成功快乐地进行母乳喂养的机会，而且这么做非常不值得。所有的哺乳动物都是等到下了奶才喂孩子，你也可以等。倾听自己的本能和婴儿的本能，要知道你的宝宝不会被进化抛下的。

需要提醒大家的是，多数取得成功的母乳喂养都是非药物介入的自然生产结果，这是因为药物不仅会抑制下奶又能让婴儿因血液中残留的药物而不爱吃奶。接受过剖宫产手术（从定义上说属于药物介入生产）的妈妈因此更难下奶，此外压力因素也会抑制下奶。那些接受药物介入生产、剖宫产或者压力大，饮食不均衡或者刚生产没几天就四处活动的妇女当然也不是不能成功地哺乳，毕竟通往顺利哺乳的道路不止一条。

但是要记住：如果我们想要尽最大的努力确保母乳喂养顺利进行，我们就得减少那些从一开始就可能让我们的哺乳计划受到挑战的危险因素。

最后，充足的休息、健康全面的饮食、大量喝水、减少压力和活动能够加快下奶的进程，能让你体内的乳量保持在正常值之内。

尽管新妈妈们经常被告知她们没有足够的奶，但一个女人没有足够的母乳是极不寻常的事情，那样说的人往往对于母乳喂养所知甚少。有许多因素与下奶以及保持良好的母乳供给有关，正常情况下，在婴儿出生的3个月内奶量就趋于平稳了。在那3个月里，宝宝饿了就应该喂，不要用安抚奶嘴，不要喂奶粉，这样做可以增加你取得成功的机会。要和孩子一起睡并且搂着孩子（这将是我们后面谈到的保持亲密的亲子关系的两个重要做法）能够刺激乳汁的分泌并增加乳量。

我知道把孩子时不时地交给别人喂几回的做法很有诱惑力，因为这样才能让自己睡个好觉或者不用起来泵奶。但是，你得做出选择，确定什么才是对的。但是有件事是医生们或者照顾过孩子的人们很少清楚地告诉新晋妈妈们的，那就是在最初的几周和几个月里有时候不喂奶，等于是告诉你的身体说它不需要在那个时间制造乳汁，这样就导致你的乳量下降。如果你的奶不够，加大喂奶频率就更为重要，有时候这些段数不高的技巧一样能让你的母乳喂养之旅有一个健康的开端。

3. 在最初的几周内，宝宝总想吃奶是正常的

当我的丈夫在1975年出生的时候，他的母亲出院时，医生特别告知她要每隔4小时喂一次奶。

到了傍晚，她就被难住了，因为他每隔2小时就会饿！没人告诉过她按照本能地满足他的需要就好，最终她觉得非常沮丧，不知道到底怎样才好。

如今好了，我们现在鼓励妇女按宝宝的需求喂奶。意思就是：只要宝宝觉得饿，妈妈就可以喂他。在前几周里，这可能意味着你不分昼夜地随时随地喂奶。如果宝宝不是正在吃奶，至少他们也是在你的乳房附近或者在你怀抱里。在最初的几周里，我的两个新生儿都是几乎每隔1小时就要吃一次奶，而且吃饱之后就睡着在我怀里了，30分钟之后醒了，又重复之前的动作。那

几周里多数时候我都累得筋疲力尽，而且简直是像被钉到沙发上了一样。但是我们一定要知道，这些都是正常的，而且这么做非常好。如果你感到疼痛或不适，可以寻求母乳顾问或专业泌乳顾问的帮助，看看是否有其他的让孩子仍能亲近你，又不让你的乳头过度使用的好办法。每个宝宝都是不同的，每个乳房也是不同的！正如前面所言，一个女人的乳量直到生产后3个月才趋于稳定，因此最初几周的哺乳都是在为更充沛的乳汁供应和喂养关系打下基础。此外，当孩子处于猛长期的时候，他们吃奶次数的增加是在向你的身体发出信号，让它制造出更多的乳汁。你并不是没有足够的奶，也不是无法产生更多的奶，实际上宝宝的任务就是让你根据他们的需要来分泌乳汁。

4. 喂奶出现问题并不表示你需要停止哺乳

在我两个儿子出生的最初几个月里，我好几次都想放弃给他们喂奶。我遇到了太多问题，特别是在前几周，每次宝宝哭或者用别的方式表示他要吃奶的时候，我都吓得发抖，眼泪汪汪的。我没想到会是这样的。

后来证明，我为自己母乳喂养时的每一次挣扎得到了不止千倍的回报。尽管那个时候没有人告诉我这些，但是为我的两个儿子哺乳是我为他们和我自己所做的最不可思议、最有意义和最有利健康的事情。就像我前面说的那样，如果你遇到问题，那并不意味着你天生就不能哺乳或者你犯了什么常识性错误。出现问题只是表明你的基因还悄悄地藏在那里，没有发挥作用。在灵长类动物的发展史上，那些天生没有哺乳能力或因为某种原因不需要哺乳的雌性动物都有别人帮助他们哺育后代。这样，他们的基因才能通过他们的孩子传下去，要不是有别人给他们的孩子提供乳汁，那些孩子可能就无法存活下去。所以我想说，我在这方面的基因可能比较弱，但是我的决心很强，为我提供帮助与支援的网络也很宽广很强大，这样我才能给我的孩子和我自己这么珍贵的礼物。

5. 不是所有的丈夫都喜欢讨论哺乳

这基本不需要解释。有些男人愿意看着婴儿是怎样从妈妈身体里露出头来的，觉得你把一个西瓜那么大的婴儿带到这个世界上非常美好，但同样有些男人不太喜欢看到这些。我丈夫就不爱看。

而且他无论是过去、现在还是将来都不喜欢听我说喂奶的事儿。当我哭泣和怀疑自己和自己的乳房的时候，他能保持恬淡的态度，给我支持，但是，他就是不想和我谈论细节，比如右边的乳头和左边的乳头相比看上去有什么不同，乳房有多疼，我又是如何担心我的乳房无法恢复到原来的样子……坦率地说，我觉得他也关心我的乳房将来会是什么样的——那可能就是他不愿意讨论这类话题的原因。但是，我没有强拉着他讨论我该让孩子先吃哪边的奶，该用什么棉签。相反，我从别处得到了哺乳方面的精神支持——母乳喂养专家。

这就让我得出了最后一点……

6. 得到支持很关键

如果我没有得到相关的支持、教育和资源，我就不可能用母乳喂养我的儿子们。我并不是夸大其词来说教，这就是事实。有些妇女将她们的时间和生命献给帮助其他妇女哺乳的事业，因为她们相信得到母乳喂养是每个婴儿生来就有的权利，对于哺乳的妈妈来说也是一个福音。在孩子没有出生之前，医院和一些母婴商店就为孕妇提供母乳喂养课程。国际母乳协会这样的优秀机构还定期召开对孕妇和产妇开放的免费会议。我绝对建议你在面对依偎在你胸前的嗷嗷待哺的小家伙之前了解更多的母乳喂养知识。不需要等到已经生了孩子，需要喂奶了才去聆听那些有哺乳经验的妈妈们的建议。这样你能更快地熟悉那些术语，还能让你更好地了解哺乳期的生活方式，包括你要做的决定和选择，母乳喂养的益处和带来的挑战。

大多数医院现在都有哺乳顾问，但是一味鼓励产妇实施母乳喂养是不公平的，她们有权了解她们出院回家后可能面临的哺乳问题和相关知识。当我怀第一个儿子的时候，我们选择了一位拥有哺乳顾问资格证的儿科医生，他的团队里还有一位具有哺乳顾问资格的护士。在我的儿子出生的前几天，我急需帮助，那位护士就来到我家来指导我并教过操作。到了第二个儿子的时候，另一位具有哺乳顾问资格的护士来我家又教了我一遍。在问题出现后的几小时内知道可以去向谁求助能帮你解决哺乳问题，否则一个貌似不要紧的问题就可能像滚雪球一样成为更大的问题。我们的社会应该为妇女提供充足而廉价的哺乳支持，将其视为优先考虑的事情，因为母乳喂养有可能降低纳税人为婴儿和他们的母亲所支付的医疗费用，还能为每个孩子提供一个按大自然的意愿被抚养长大的良机。

关于母乳喂养令我喜出望外的六件事

1.飞机上的人喜欢你们，不反感你在机上哺乳

我也是那种害怕在坐飞机的时候遇到小孩儿的人——我是指

别人的小孩。当我看到他们背着包得意扬扬而又兴奋不已地等着上飞机的时候，我禁不住会在脑海里描绘这样的场面：在好几小时的飞行中他们没完没了地尖叫，要糖吃，要光碟看，还时不时地发脾气……他们疲惫不堪又不知所措的父母犹豫着是要顺着他们来，还是冒着让混乱场面升级的危险教训他们。

当我第一次带着我的第一个宝宝坐飞机的时候，我很害怕成为"那样的母亲"。我阅读了大量关于如何带着新生儿坐飞机的资料，在上飞机之前就尽力调整他的吃奶时间，以便让他在飞机起飞的时候有吃奶的意愿（这是为了保护他的娇弱的耳朵以应对加大的压力）。我在6年前从带孩子的第一次飞机旅行上学到的在后来这些年的飞行之旅中屡试不爽，那就是：那些饿了就给喂奶的孩子在飞机上真的很容易带。

母乳包含一些有助睡眠的成分，如果你问我的话，我会说在飞机上如果孩子无法清醒却又保持安静，那么让他睡着也不错。还有一个好处是，飞机的轰鸣声为睡着的宝宝提供了一个无害的背景噪声，让他比正常情况下睡的时间更长。因为吃奶是个奶娃娃最爱做的事儿，他们并不介意比在家的时候多吃一会儿奶。我有时候简直希望自己能跳上一架飞机，好让孩子们打盹儿的时间超过他们平常的40分钟！此外，旅行的时候喂奶也能让旅程变得更轻松，确实如此。在我们所有的旅行中，无论遇到什么问题，都从来不会影响我的孩子吃奶，因为母乳随时都有，而且温度永远适宜，总是非常有营养，非常让人满意。

再补充一点，宝宝们在起飞时吃奶所做的吞咽动作和嚼口香糖的效果是一样的，都有助于保护他们的耳膜，你还能享受到带着宝宝去进行生命之旅的那种特殊情调。然而，一旦你到达了目的地，可就不一定了。如果你碰巧生的是那种在飞机上会走来走去或跑个不停的孩子，坐飞机对于你来说就太可怕了。因此，我的建议是，趁着孩子还不会走的时候多去旅行，不会有比这个时期更容易的了，特别是你带着的是个高高兴兴吃着母乳的娃娃。

2. 母乳会随着时间的推移而变化

对于人类的婴儿来说，母乳是最全面、最有营养的食物。根据美国儿科学会的说法，婴儿应该至少有6个月的时间是只吃母乳的，既不添加固体辅食，也不需要配方奶粉或水。6个月之后，你可以开始喂辅食，但是也有人直到一岁后才开始添加辅食，原因各异，有的是为了遵照规定食谱，有的与过敏有关，有的与哲学信仰有关。

除了是完美的食物，母乳还具有许多其他特点，简直像有魔法一样。在众多母乳的神奇特点中，有些特点是配方奶粉永远无法复制的，比如，它最神奇的一点：可以根据宝宝的发育需要来改变乳汁里脂肪的含量。婴儿刚刚出生的时候，母乳的脂肪含量特别高，这有助于大脑发育，也有利于身体保持温度。脂肪含量最高的乳汁叫作后乳，只有每次喂奶的后半段才会出来，这好像是为了确保宝宝在每次喝奶的时候都多吃一会儿。因此只有当婴儿吃奶的时间足够长的时候才能吃到高脂肪的后乳。如果你的孩子吃一会儿就睡着了，那就像吃饭的时候一遍又一遍地喝汤那样，宝宝永远没有机会吃到更有内容的主菜。

因此如果你的宝宝有吃一会儿就睡着的习惯，要鼓励他们醒过来，把淡汤这道菜过去，这样他们才能吃到脂肪含量更高的主菜。

随着宝宝越来越大，他们吃奶的方式也会有所变化。宝宝吃奶的效率提高了，每次吸吮需要的时间更短了（这表明他们已经很有经验了），吃奶的时长总的来说缩短了（这也是因为孩子的活动量增加了，他们想有更多的时间跑来跑去）。更加不可思议的是为了确保大些的孩子仍能得到足够的热量、脂肪、蛋白质和维生素，会使乳汁中各种成分的百分比发生变化。然而有一点是不会变的，那就是你的乳汁中抗体的含量。因此，新生儿、1岁大的孩子和3岁大的孩子得到的抗体数量是一样的，你的身体仅凭孩子吃奶的频率就知道应该产生多少抗击病毒的超强抗体。简直难以置信！

没有任何配方奶粉可以做到这些！儿科医生所用的标准体重表不能准确衡量出母乳喂养婴儿的健康状况，因为有些妇女分泌的乳汁脂肪含量比别人高。但是用母乳按需喂养的婴儿并不会过于肥胖，也不会吃得过多，他们在儿童时期、青少年时期和成人时期都更容易保持适宜的体重。

我的两个儿子都是大块头，有几次儿科检查的时候甚至超标99%。我从路过的行人和家人那里都听到过我很不爱听的刻薄评价："他太胖了！""你怎么给他吃那么多？""哇！他看起来挺能吃啊，你都给他吃什么了？"

但是，我的两个儿子现在的身高和体重都处于平均水平，我会开心地回顾他们小时候的样子：长着圆圆的红脸蛋的男孩，像个小圆球似的，能够吞掉我给他们的每一滴乳汁。

需要指出的是，也有母乳喂养却纤细而健康的孩子，这些孩子经常被对母乳喂养持怀疑态度的人指责为体重不达标，没长起来，尽管他们的各项发育指标都已经达到标准，也不会无故哭闹，看起来养得很好，显得心满意足。虽然这些妈妈本能地知道他们的宝宝状态很好，只是有点瘦儿而已，但是儿科医生和闲人都愿意向这些焦急的母亲建议增加宝宝饮食中脂肪的含量，当然通常是靠补充一些牛奶配方奶粉。要记住，你自己最能判断宝宝是否行为正常或发育良好，不要听信一张标准表或者街上随便什么人或者网上的人说了什么。

3. 母乳是大自然的神奇药物

除了它的营养价值和让婴儿与母亲建立坦然的亲密关系的能力，你还知道母乳的其他用途吗？除了把它当作食物，母乳还有另外几种用途。

·用在因哺乳而皲裂或娇嫩的乳头上：它是你在下一次喂奶之前唯一不必擦去的乳头分泌物。

·在飞机上给宝宝喷在小鼻子里或者鼻腔里可能隐藏细菌的地方，乳液既能为鼻黏膜提供一层保护膜，它还能让鼻子发痒，让细菌在打喷嚏时被喷出。

·可以用导管滴到眼睛里，能解决眼睛发红的问题或其他一些感染问题（当然，先要去咨询儿科医生，以排除更严重的眼科问题）。

·可以用于尿布皮疹；不会让屁股有异味儿或发黏；它吸收性很好，效力惊人。

·用于婴儿痤疮、湿疹和其他皮下肿块。

·那些长得肉乎乎的、矮矮胖胖的宝宝即使经常洗澡，他们的腋窝、脖子（包括双下巴）和腹股沟里还是容易积聚脏分分、臭烘烘的东西，这你知道吗？弗雷德的腋窝因为上面提到的脏臭物质而发红感染，导致皮肤干裂。母乳就能解决这个问题，想不到吧！太让人惊喜了。

·在患普通感冒时滴入耳中能防止耳朵发炎。

·在内嵌的脚趾甲上来回擦拭（这个功能让我惊呆了！）。我等了好几个星期，希望弗雷德小小的内嵌指甲能往外长，希望红肿消失，结果运气不佳。然后我就试着用了母乳，结果一天就好了。

·轻轻抹在割伤和擦伤的伤口上，它是一种天然抗生素！我的大儿子断奶之后看见我给他的伤口抹乳汁就躲，所以我偷偷把它涂在创可贴上，再拿已经浸满乳汁的创可贴给他贴上……我听起来像个坏妈妈吗？我希望不是。

4. 当言语不起作用时，母乳具有安抚作用

吃奶不仅仅是为了给孩子提供滋养，这个说法让很多人觉得不舒服，这我能理解。在我们的现代文化中，吃奶造成的亲近和亲密很难为某些人所理解，特别是孩子已经会说话了，还要吃奶的时候。

声明一下，我不是那种在孩子摔倒了或者受伤了或者不开心的时候用喂奶来安抚他们的妈妈。我和丈夫并不想把它当作"一号育儿工具"。多数情况下，当我的孩子是婴儿的时候，如果他们哪儿摔疼了，我会给他们喂奶，但是当他们长大点儿的时候，我觉得要拓展我的安抚技巧，也就是说，当孩子需要安慰的时候，不要把喂奶当成第一选择。多数情况下这个原则都行之有效。

然而，有些时候什么办法也不管用，只有喂奶能解决。当其他方法都不奏效的时候，乳房对于我的孩子们有着非凡的安抚效

果。当我的儿子们摔了一大跤或者受伤较重的时候，我会给他们喂奶，吃奶能让他们安静下来，喂奶让妈妈和孩子重温他们最初建立起来的那种联系和亲密感，有时候只有那种纽带才能让受了伤的小家伙平静度过一场风波。

我不想讨论这种安抚方法可以用到孩子几岁的时候，因为这是一个非常私人而且非常复杂的决定。对于我来说，我支持那种以孩子为主导、妈妈发挥鼓励作用的断奶，当孩子做好了断奶的准备时，在对孩子和妈妈最有利的情况下，在必要的时候划出界线。我的大儿子吃奶到两岁多，小儿子现在已经3岁多了，每天还是会吃5次奶。如果我看见4岁或者5岁或者6岁大的孩子还在吃奶，我不会做出什么评论。我知道，对我来说给那么大那么成熟的孩子喂奶是做不到的事，但是我会理解每个孩子都不一样。然而，许多人如果看到一个"太大了"的孩子吃奶，就会想也不想地直接向这位妈妈发表她们的看法。例如，我经常被人们问到打算给孩子哺乳多长时间——甚至当我的孩子还坐不起来的时候，更不要说会走路、会说话或会"要求吃奶了"（作为一个妈妈，你会很快知道随便哪个陌生人的聒噪都漫无止境）。

我知道给一个15千克的"婴儿"喂奶听起来很难接受，所以我总是一边尽力满足儿子们的需求，一边尽量做到在公共场合不失仪。

比如，花些钱购置简洁的哺乳服就是非常必要的。我花在哺乳服上的钱非常值得：这样我就能随时随地给孩子喂奶了，不用因为担心自己的肚子或乳房暴露在外而给别人造成不便。觉得有了防护（能做到的防护程度就看你对于端庄的看法了）使我更有信心在孩子饿了的时候给他们喂奶。我喜欢有两层织物的哺乳背心和哺乳衬衫：一层掀起来，一层盖着我的肚子（通常有个洞，可以让宝宝找到乳房）。我买了一件黑色的哺乳背心，也买了一件白色的，还买了两三件结实的长袖哺乳T恤衫，一直穿到小儿子两岁的时候。我也买了一件无钢托的漂亮哺乳胸罩（钢托能堵塞乳管，影响乳汁分泌）和一件考究的哺乳上衣，黑色的，我配着裙子穿，还有一件质地很好的针织衫、一件夹克衫和一个披巾，这些是我被邀请参加一些活动的时候穿的，在那些场合不适合穿T恤衫和民族风长裙。

5. 喂奶是第一节管教课和协作课

婴儿们生下来就需要得到指导。从神经生物学的角度来说，他们很无助，还没有发育好，需要依靠父母才能生存。最初几周乃至几个月的母乳喂养是你给孩子上的第一堂课。你教会他们怎么得到养料，这种关系界限在哪里，具体来说就是：怎样张大嘴以便不咬破你的乳头，不停地尝试总是能令困难的事变得更容易（吃奶对于有些孩子来说也是困难的事），怎样向妈妈发出信号才能得到自己想要的。

当他们长大一点儿，母乳喂养使你可以用非常亲近的方式告诉他们什么行为是可以接受的，什么行为则不能忍受（比如揪你的头发，拧你的鼻子，边吃奶边抚弄你的另一个乳房），最终，在看着孩子慢慢长大的过程中，你学会了理解边界和需要的概念，最终令孩子成功断奶。我不是说不喂母乳的妈妈就不会教他们的孩子是非对错或规矩；我想说的是，那些母乳喂养的人与孩子之间的互动能让她们即刻得到启示。如果没有母乳喂养，你肯定会用其他各种层面的场景和互动去教育他们，但是母乳喂养为我提供了一个随时可用的管教方法，帮我们为孩子确立了是非观，这种影响会一直持续到断奶之后。

6. 你会战胜恐惧

我从来不是一个虚荣心很强的女人，现在也不是。然而，当我决定要进行母乳喂养之后，曾一度非常担心我的乳房会严重变形。我担心我给孩子喂奶会让我丈夫感到被忽视，因为他不会喂奶。我在喂奶的时候经常有一种恐惧感，导致我对这种触碰有些排斥，我还非常担心我会永远排斥触碰。因为我的奶娃娃一直在触摸我。

你猜怎么样？我是有两个孩子的36岁妈妈，我的乳房，并不完美。但是我没生孩子的时候也不是杂志里的美女，所以我没觉得我失去了美丽。我喜欢自己的身体（乳房和其他一切），因为正是这副身体孕育了我的孩子们，把他们生出来，给他们以滋养。我的丈夫可以用好几百种方法建立与孩子们的纽带关系，他不会觉得自己因为生来拥有的是Y染色体就被排除在外。女人天生可以哺乳，他理解这一点并对此充满敬意。我们爱我们的孩子们，我们教养孩子的点点滴滴都成为与孩子们亲密关系的重要元素。我担心对触碰产生厌烦情绪的想法没有持续太久，在婚姻中，情况总是在不断变化的。这是我们现在的生活，当我们凝视着我们的儿子们，就看到了生活的意义。

有些妈妈确实不能哺乳，她们可能因此产生深深的失落感。有些妈妈不想喂母乳，并且对自己的决定感到深深的骄傲。我不能评价什么才是对的，但是我可以说的是，有了适当的支持与教育，我希望更多的妈妈能喜欢履行她们的天职，哪怕只有一天，一个星期，一个月或者一年……喂一天奶也比从来没喂过强，喂一个星期比6天好，只要孩子在胸口吃奶，对谁都有益处。

宝宝需要抱抱：
一切都不能重来

许多人觉得我的孩子一定属于"好带"的那个类型。在婴儿时期，我的两个儿子都非常安静温和，他们几乎总是在笑，总是开开心心的。他们从来没有发作过腹绞痛（实际上他们哭的时间很少持续几分钟以上），他们乖乖地在高椅上坐着，从来不会突然发脾气。人们总是说我养孩子有多容易，同时向我诉苦，讲述她们的孩子多么倔强，多爱突然发脾气，或者常常腹绞痛发作（但是她们描述的症状在医学标准来看根本算不上腹绞痛）。

每当这时我就会同情地点点头，但是我向你保证我的儿子们绝不是容易带的，从来都不是。相反，他们是那种被称之为"需求多多"的宝宝：无论白天黑夜他们都有很多需要和要求（这些他们总是能清楚地向我们表示出来），我和我丈夫选择尽我们所能满足他们的需求。

在生下来的前几周和几个月里，他们的需求表现为经常要求被抱着。

宝宝想要被抱

在我生第一个儿子之前，我对于养育孩子有着非常现实的想象，虽然只是纸上谈兵。像许多满怀期待的妈妈们一样，我阅读了大量关于分娩后愈合、产后调养、母乳喂养、新生儿行为及如何育儿的书。我想象会彻夜无眠（当时还不明白"完全彻底地筋疲力尽"到底是什么意思），会有乳头发炎（但不明白疼痛、一碰就疼和发炎都是什么感觉），会觉得不堪重负（但不明白带孩子为什么会达到极限，差点儿累死）。

有一件小事，我没有做好思想准备，但它却很关键：宝宝们十分愿意被抱着。

我说的可不是那种"哦，抱着这个宝宝太好了！小家伙，他多爱让抱着呀！宝宝闻起来太香了！抱着这么小这么娇弱的孩子可太有意思啦！"。不是。我的意思是有些孩子会一直不开心，除非他们被抱着。当他们向你表明这一点的时候，你就不会觉得那是件可爱、有意思或者惹人怜爱的行为了。

我的第一个儿子出生后，我被他不屈不挠、一再要求抱抱的行为震惊了。我也感到心烦意乱：他不知道我还有别的事儿要做吗？不知道我得去工作吗？不知道我得去管理杂七杂八的事儿？不知道我得补觉？从真正的科学方法来说，我真是想找出其中的章法来，想弄明白到底他为什么这么想被抱着，以及我怎么能阻止他那种无休无止的愿望。

我努力找出他在什么情况下能满足于不被抱着。也许他吃饱了就愿意被放下了？

不是？好吧，也许他睡着了就可以被放下了？不，他醒了。好吧，也许他在没含着我的乳头的时候睡着就可以被放下？还不是。也许可以让他含着我的乳头睡，等他睡着了我再偷偷抽出来走开？又不行？好吧，这也不行，那也不行，什么都不行。他就是想被抱着，被喂奶，被摇晃。更糟的是他有时候会漾奶，然后他就更需要被抱着了。

现在，我知道你在想什么。你在想我可以根本不理会孩子的大呼小叫，只要我把他扔在那里一分钟、一小时或者一段时间，他就会没事儿了（他就会停止哭闹，他在同期出生的小孩中就能以高分胜出了）。你觉得我把孩子给宠坏了，他们总是让人抱着是我的责任。

我非常确信事实并非如此。有些婴儿清楚地表明他们需要被抱着，我的本能和直觉告诉我：我的宝宝们绝对有那种需要，所以我抱了他们。经常抱，也许最初是一直抱着，出生后前几周的时候基本总是抱着。现在我回想起来，有好几个月日日夜夜都经常抱着，真是没少抱啊。

我们的解决办法是用婴儿背带

在他们出生的头几个星期，我的宝宝们吃完奶后会在我身上睡着，我会在沙发上一直保持那个姿势好几小时，边休息边查看邮箱，用电脑写论文或者接电话。在最初那几周没法及时洗衣服，也腾不出手来烹煮美食。我没法出去和朋友喝两杯，更不用说去呼吸新鲜空气或锻炼了。有时候我真是抱孩子抱烦了，我真想什么负担都没有，虽然我所谓的没负担只是说我可以不用抱着孩子去洗澡或者去取个邮件。

这种抱孩子的模式不可能永远持续下去。生活在敲我的门，我必须找出办法来面对生活，同时还得满足孩子们的需要。

和那些与我们在这个方面有共鸣的许多父母一样，对于我们有效的方法就是用婴儿背带。"婴儿背带"泛指一切可以把孩子带在身上好让你的手可以解放出来的婴儿袋。婴儿背带可以帮我应对许多挑战。它有助于让宝宝完成从安全、温暖又舒适的子宫向外边世界的平稳过渡。外边的世界总是充满过多的感官刺激，有太多空间让宝宝的小手小脚踢来打去，宝宝感觉不到在子宫里的那种封闭感所以会有一种不安全感。婴儿背带能限制婴儿的活动，保护他避免接受过多的外界刺激，能够促进给人满足感的、平静、安全而亲密的亲子关系。

月子结束后，我就开始试验不同的婴儿背带，终于找到了一些对我们和我们的生活方式最有效的婴儿背带。下面是一些最常用的婴儿背带类型，它们都能用来背宝宝（只需阅读说明并稍加练习），有的是让宝宝脸朝外，有的是脸朝内，还有的是背在后面。

· **肩带型育幼袋**：这种背带是用一块你可以套在脖子上的布料做成的。宝宝在这种背带里吃奶非常舒适与安全。有些品牌的这类背带不需要调整，能与你的体形匹配，而肩带型的环形育儿背带是用一个简单的金属环将布料固定在你的肩上，长短可以调整，这样就能适应各种身高的人，妈妈爸爸都能用。如果非要让我选一种育儿背带的话，我一定会选这种环形背带！

· **托架育幼袋**：这种育幼袋用打的结或夹子来固定背带。我们通常是在不需要喂奶的短途旅行中用这种育幼袋，因为我觉得在托架育幼袋里给孩子喂奶非常费劲儿。我现在仍然在给3岁大的儿子用他刚出生的时候用的那个托架育幼袋，以前是让他坐在我肚子前面，现在是背在后面。我觉得在你有事儿要去办或者需要时不时把孩子抱出来的时候不太方便，但是如果去比较远的地方徒步旅行或去拥挤的地方，用这样的育儿袋能让宝宝从更好的角度看到外边的事物，视野比孩子在儿童推车里坐着或者走路的时候好多了。

· **婴儿背巾**：这是一种很长、很有弹力、很舒适的织物，它没有扣环，可以用各种方法系在身上。需要一点点练习才能会用，但是许多人——一旦掌握了他们喜欢的位置——就会非常依赖婴儿背巾，因为它们的用途很多。在带着新生儿散步的时候我喜欢用婴儿背巾，特别是我们学习怎样在育儿袋里吃奶的时候，因为这种织物可以在变换位置的时候随意调整。这种育儿袋对于喜欢面朝外的婴儿非常适合，不像多数广告里那种面朝外的育儿袋那样会使宝宝觉得不舒服。

用了婴儿背带几个星期之后，我的生活就发生了翻天覆地的变化。我不用整天坐在沙发上了，我可以在小区附近散步，做饭，整理房间（甚至是用真空吸尘器吸尘），可以在出差的时候不打扰到孩子，也不必拎着昂贵又笨重的婴儿推车。当孩子该睡觉的时候，我不用离开正在进行中的活动或派对，因为把孩子带在身上意味着我的儿子们随时随地都可以在我身上吃奶或打盹儿。和没用婴儿肩带的时候相比，孩子们打盹的次数更多了，无论是在超市里，商场里，在开会的时候，抑或是漫步在公园的时候。

每个婴儿背带都有不同的重量限制，但是多数都能承受15~20千克的宝宝，因为我可以把15千克、刚学会走路的大儿子一直背到我第二次怀孕，甚至是在夏威夷徒步旅行的时候也背着孩子。婴儿背带为我的生活开启了新的篇章，让我再一次成了活跃的人，再也不会整天困在沙发上了。它让我的生活环境变得整洁，因为即使一个母亲再喜欢抱孩子，她最后总会需要有一种恢复正常的感觉。

在人类历史的大部分时期，孩子们在他们生命的最初几年都是被妈妈带在身边的。全世界很多文化里都有他们独特的携带孩子的方式，让宝宝们觉得他们是受到保护的，和妈妈温柔地依偎着，吃奶很方便，又有安全感。北极地区的婴儿被包在衣服底下有毛皮衬里的育幼袋里，印第安人的娃娃被包在一种叫作"papoose"的印第安人育婴袋里。在巴布亚新几内亚，宝宝被装在围在头部的一个网袋里。每个文化都找到了其特有的携带婴儿的方法，这给了父母一定的自由，又为宝宝们提供了既舒适又能与妈妈保持亲密的环境。在那些把婴儿带在身上的文化里，人们通常会发现这样带出来的孩子更容易增加体重，这主要是因为与奶源接触越多，孩子吃奶的机会也就越多。被带在身上的孩子通常睡着的时间比较短，也就保证了尽可能多的吃奶时间。宝宝们喜欢从妈妈手臂里的有利地形观察外边的世界。他们了解到了你拎起超市购物袋时是什么感觉，你和邮递员讲话的声音是怎样的，当你遇到陌生人的时候怎样保持矜持。有许多值得学习的东西，宝宝们通过成为你的一部分而学到了很多，他们不再只是远远地观察你。

婴儿背带也不仅仅是为妈妈准备的。我和我丈夫共用一个环形背带。我们的儿子已经习惯了吃着奶入睡，我丈夫在这点上帮不上忙。我从来没想过他能哄孩子们躺下睡觉，但是婴儿背带改变了这一切。他终于能哄儿子睡觉了，因为他们喜欢在婴儿袋里睡觉。

我们见过许多父母拖着笨重的儿童宽座推车。如果你问他们为什么，他们通常勉强地笑一笑，咬着牙声称"这样我就不用吵醒孩子让他上车或从车上下来了！"他们没告诉你的事实是，孩子放在宽座婴儿推车里会有多沉，他们也不会说把宽座儿童推车搬来搬去会引起神经收缩或手臂及肩膀的肌肉痛或关节痛，你更不会知道有时候在某些餐厅或超市里推那种东西有多费劲、多尴尬。

确实，如果你的孩子在汽车里睡着了，吵醒他们真的很麻烦。但是我向你保证，你肯定能弄明白什么对你来说最好用，你真的不用总依赖那些汽车座椅车或儿童手推车。我们的孩子一挪动就醒，如果我们计划去与某人共进午餐而孩子们在路上在车里睡着了，我们中的一个人就会等到他们醒，或者改变我们的计划。我们找不出理由在这种情况发生的时候用汽车座椅推车，因为一共也没几次。

有时候我会开玩笑说我们的文化里似乎隐藏着一个信息，那就是："不要碰宝宝，无论你做什么，就是不要碰宝宝！"你可以把宝宝从汽车座椅推车上放到汽车上，再放到推车上，再放回到汽车座椅推车上，我可以想象你好几小时都没和孩子有任何身体接触。我见过有些妈妈在饭店吃饭的时候全程都没扫孩子几眼，孩子被放在汽车座椅推车上，她们偶尔给孩子塞个安抚奶嘴或奶瓶到宝宝嘴里。

宝宝需要和妈妈及妈妈的身体接触，他们喜欢妈妈身上的气味，妈妈的声音很好听，我们给他们的感觉是好的。他们想被我们亲密地抱着，而不是被放在我们旁边。

六个简易婴儿背带使用贴士

对于很多用过婴儿背带的父母（包括我自己）来说，把孩子背在身上可能是他们一项重要的育儿哲学。事实上，对我来说它真的是我生活方式的一部分。我这么说是什么意思呢？用婴儿背带的含义绝不仅仅是买一副与自己衣服显得很搭配的可爱布袋。我们这些对婴儿背带很有热情的妈妈们已经做过研究了，我们不仅可以为你提供它有用的相关数据统计，还可以告诉你怎么具体用它。读下去，你就会看到我们用自己难能可贵的经历赢得的智慧，就能学会如何优雅地使用它，你会了解为什么使用婴儿背带能让一个初为人母的妈妈感到身心轻松。

1. 要小心那种脸朝外的托架婴儿背带

我在多数城市街道上见到最多的就是这种婴儿背带。妈妈和爸爸们都愿意用这种婴儿背带，因为它们不需要捆绑或调整，而且广告到处都是。我知道如果我说它们的坏话，你会说我是"讨厌的家伙"，但是我就是忍不住要说：宝宝应该和你肚子对着肚子，而不是用他们的后背对着你的肚子，尤其是一岁之前。

在宝宝几个月大的时候，他们不需要太多的外界刺激，当婴儿脸朝外坐在育幼袋里的时候，许多宝宝会不愿意面对那么多的刺激。事实上，我这个成年人都觉得繁华的街道上有太多我不想看到的东西！有好多次我看见脸朝外的孩子任性地哭闹，因为他们被外界环境的噪声和混乱过度刺激了，他们愤怒的小手往脸上抓，闭上眼睛以示抗议。有些表现也是对于过度刺激的反应，不过比较不容易被发现，那就是孩子变得胆小畏缩或过于温顺内向。许多人误将被吓到的孩子当成所谓的"乖孩子"，妈妈们应该学着了解这两者之间的细微差别！

孩子在妈妈的肚子里待了将近10个月，在从你肚子里出来后的最初10个月里，你应该鼓励宝宝去看、去闻、去用鼻子蹭、去紧紧依偎他们在这个世界上最熟悉一切，那就是：你的脸、你的身体和你的声音！

2. 软育幼袋优于托架育幼袋

第二个要注意的事情就是小心那种流行的托架婴儿背带，它们通常是让宝宝脸朝外的，容易迫使宝宝呈现不自然的姿势，比如：几个月大的孩子往往想要蜷着腿，但这种背带却使他们的腿被迫向外分开，本来应该是屁股处于坐姿，现在却是胯部受力，本来应该自然地靠近体侧的胳膊却随便摆来摆去……也不是没有符合人体工程学的婴儿背带，当孩子们足够大的时候也可以让他们试着体验一下脸向外的背带：试一试怕什么，这又不是火箭技术，只不过是用育婴袋的问题而已。

3. 在不同的情况下使用不同类型的婴儿背带

就像我前面对不同的婴儿背带类型所描述的那样，不同的背带可以满足不同的需要。我们发现一个吊索型背带和一个托架育幼袋就足以满足我们的所有需要了。前者我和我丈夫都能用，可以用于出差，让孩子睡觉和基本的日常生活。后者可以在我们穿梭于各个机场的时候用（特别是当目的地有朋友可以借给我们一个婴儿推车的时候，如果不是没办法，谁愿意拎着个儿童推车过安检呢？）。徒步旅行的时候或者遇到要去农产品市场或者其他拥挤的地方，让一个小孩自己走太累，也太危险了，用儿童推车又太麻烦。

就像你看到的那样，选择合适的婴儿背带让随身带着孩子变成了一种生活方式，不是需要展示给别人看的潮流。它是一种关系和一种联系，一个让宝宝觉得安全的地方，一个和妈妈的身体用同样的物理位置来分享世界的地方。当我的大儿子到了断奶年龄，不再吃奶才能入睡的时候，他会向我要求让我用吊索式婴儿背带背他。

我把他背在吊索式婴儿背带里，能让他觉得自己又能像个新生儿那样和妈妈如此亲近，当喂奶不再奏效时，这个方法能哄他入睡。无论你想做什么，你都能找到适合你的！

4. 婴儿背带可以让你隐蔽地哺乳

使用婴儿背带能促成母乳喂养顺利进行，因为它可以让宝宝更熟悉你的味道，提醒他们去吃奶。然而，有时候（也许是多数时候）宝宝们想在你正在外边办正事儿的时候吃奶。在最初哺乳的日子里，这让我感到惊慌，因为我本来打算在公共场合喂奶的时候尽量做到隐蔽，要是宝宝无论何时何地都掀起我的衣服吃奶，那我还怎么隐蔽地哺乳啊？使用育幼袋就能帮你优雅又隐蔽地给孩子喂奶。我曾经在各种地方给宝宝喂过奶，在野外散步的时候，在去超市和邮局的时候，在餐馆或正式的婚宴上，在机场和购物中心，我给孩子喂奶的时候无人知晓，人们只是看到了一个塞在育幼袋里的宝宝。

5. 使用婴儿背带是让爱人参与育儿的好办法

有些事情只有我能做，我丈夫却无法参与，例如喂奶（原因还用说吗）、用婴儿润肤油和小梳子给宝宝清理头痂（他不喜欢弄得满手是油）、给宝宝按摩（我也不愿意）、给孩子剪手指甲和脚趾甲（他会非常紧张，害怕手一抖弄伤孩子，怕孩子以后一辈子都要说"爸爸把我的手指头剪掉了"）。但是有一件事是我的丈夫能做的事儿（没准儿做得比我还好），那就是用婴儿背带把孩子背在身上。宝宝们喜欢被有着深沉嗓音的爸爸抱在怀里或背在身上，他们喜欢爸爸身上释放出的那种温暖。爸爸们抱孩子的能力与妈妈们一样强，而且因为他们通常比女人个头大，体重高，我发现爸爸们抱孩子的时间会超出我们的预期。

我丈夫很擅长用婴儿背带哄我们的大儿子入睡，孩子睡着后他还能把孩子抱到床上去。当我想从无休止的喂奶中得到片刻解脱的时候，我也学他的样子那么做，可是我们的儿子能感觉到我和他处于同一水平，就在他旁边……你知道吃奶的娃娃最喜欢的就是和他们的妈妈处于同一水平，然后……吃奶！最终我又败下阵来！鼓励你的丈夫用婴儿背带抱宝宝，这会让他们觉得自己很有能力，觉得自己的特殊技能得到了欣赏，这不仅对宝宝重要，也对建立夫妻间的信任与协作至关重要。

6. 腰酸背痛的人也可以使用婴儿背带

除了极少数特例，总有一款婴儿背带能适应你的要求。母婴商店通常会有各种育幼袋，你可以多试试，找出适合你的。我知道人们很容易想去购买那些"每个人"都在用的婴儿背带，它们通常包装精美，看起来又简易又方便。但是这就像买鞋子一样：理论上说你可以在网上买一双，匆匆忙忙地穿上，也不管两只鞋是不是有色差。这双鞋能帮你达成从地点A走到地点B的目标，但是它们对你的脚来说既不舒适也不好看，更谈不上能表明一种生活态度或生活方式。如果你想要拥有一双好像为你量身定做的鞋，不仅舒适而且实用（还很时尚），你就得多花点儿时间到处去逛。现在假设这双鞋能给你自由和一种亲密感，给你那种你本以为无法实现的轻松感，而且让你觉得非常实用。如果是这样的话（我相信确实是这样），我会觉得你会愿意花更多的时间和精力去找到最适合你的体形、想法和需要的育幼袋。

"可是……我的孩子不愿意被抱着"

当宝宝要求被抱着的时候，他会引起我们心中非常本能的情感：想要满足宝宝需求的愿望。这种愿望深植在我们心中，就像我们想要他们健康活下去一样根深蒂固。想要被抱、想和父母亲近，这不是孩子在操纵父母，也不会导致孩子被宠坏，相反，它所表达的是一种健康的依赖感和一种孩子能在我们的怀抱中找到的安全感和被爱的感觉。

不是每个人都适合用婴儿背带，最初的时候用起来也并不容易，但是我相信所有的孩子都愿意被抱着，从直觉上说我们有理由这么做。有些人告诉我说他们的宝宝不愿意被抱着，但是如果你的孩子没有社交恐惧和感统失调的问题，从进化论角度来说，"不想被抱着"根本不合逻辑。话虽这么说，但有些宝宝可能会因为各种各样的原因拒绝育儿背带，比如饥饿、疲惫、嘴里没有奶吃、想要便便或者对抱抱方式改变的恐惧。此外，宝宝们能辨别出我们是否感到紧张或不适，他们经常用拒绝被抱来表现他们的紧张。当我们不知所措地调整背带长度和位置的时候，在育幼袋里面的宝宝也会感受到我们的慌乱，特别是当我们对育儿背带尚不熟悉的时候。

有了正确的信息和支持，我相信多数人都能和宝宝一起体验育儿背带的妙用。有许多组织能帮助你选择育儿背带，他们的目的只有一个，就是鼓励父母们用育幼袋来抱孩子。所有的孩子最终都会学会走路，学会探索世界，所以满足孩子被抱的需求没什么不对。

无论是出于直觉还是本能，我们都应该这么做。在我的经历当中，其益处不言自明，因为我的生活因此变得更加容易，作为妈妈我也有了更多自由。

当我因为长时间抱着孩子感到非常累的时候，我就会提醒自己一个小宝宝被拥抱的要求与需要和他们的其他要求比起来实在是微不足道，那些要求包括：把他们生出来，给他们以养料，教他们分清是非，给他们解释为什么树能长那么高，为什么人会死，帮助他们成为有爱心的、善良的、有自信的和善解人意的人……所有这些都如此困难，有些看起来几乎无法实现。现在，当我回顾那些抱着宝宝们度过的珍贵时光，我很高兴自己当时听从了直觉，当我的孩子就是想让我抱着的时候，我真的抱了他们。

宝宝夜间也需要父母照顾：温柔的技巧和同眠的重要性

我从来就没有准备过婴儿床，也没有用过摇篮。我们家里只有一间卧室，在那间卧室里放着两张床垫。它们紧挨着彼此。一张床垫是特大号的，另一个是双人床垫。我们都睡在一起，在一张大床上。

好吧，知道你听说过像我们这样的人，我们整晚都挤在一个家庭床上，你觉得我们太了不起了，因为我们得忍受每次孩子醒来我们都得跟着醒的情况，我们没法让孩子"哭完拉倒"。我们也知道你怎么看待我们，不要不好意思承认。你肯定在想这么做究竟有什么好？你怀疑是否有科学证据能证明使用"哭声免疫法"（指的是孩子哭的时候不用去抱他，曾被认为是一种睡眠训练的方法）是不对的，或者用我最喜欢用的术语来称呼这种方法，那就是"改良版的法伯"方法（以最初的哭声免疫法创始人法伯的名字命名）。

你可能会疑惑我们家谁睡在家庭床的什么位置，和新生儿一起睡感觉如何，大孩子去哪儿了，他要在那儿待上多久，我和我丈夫在哪儿过夫妻生活等。你还可能想弄明白和宝宝一起睡和让孩子早上爬到你们的床上有什么不同……

我也知道不是每个人都想要一个家庭床，也不是每个人都觉得和孩子一起住没关系。有些人可以接受孩子和他们一起睡，但是只能是偶尔，也不能超过一定年龄。有些人不愿意适应有个絮絮叨叨的幼儿在他们旁边扭来扭去睡觉不老实。下面我要讲到的是一些与孩子共眠的微妙之处，它帮我理解了家庭床的好处，帮助我们做出了最适合我们家庭的决定，帮我们得到最佳睡眠。

请注意　要想和孩子安全地共眠你必须真正理解并遵循安全地与婴儿同睡的原则时才能做到。

除了我家的猫，我从小就不曾和任何人同睡。我从婴儿时期开始就有严重的睡眠问题，在整个童年时期我都为中度失眠所苦。我讨厌上床睡觉，讨厌独自一个人，我入眠很困难，还会做噩梦。听起来够可以的，是吧？当我爸爸晚上出去开会的时候，我通常会先到我爸爸妈妈的床上去睡，那非常有意思。那床很舒服，在黑暗中和妈妈一起聊天傻笑非常特别。等我睡着的时候，爸爸也到家了，他会把我抱到我的床上去，在那里我独自入睡。我对于家庭床的体验仅限于此。

在我生孩子之前从来没想过要和他们一起睡。在大学的人类学课上，我听老师讲过，在有些文化当中，一家人是睡在一起的，但除了做作业时用得到这些知识，我对它毫无兴趣。我猜在那些社会里，人们一定是没有足够的钱，或没有足够的空间能让一家人分房或分床睡。

在我结婚以前，我的一个朋友住在加州北部的一个禅修中心

（我说真的），他和他的孩子就住在一起，当时我觉得自己被雷到了。为什么说我被雷到了呢？我也不太清楚。可能是因为做得太亲密了，太"明显"了，太……像外国人的做派了。他的父母是中国人和葡萄牙人，所以我把这件事儿理解成是某些来自外国的人才愿意做的事。但是，不久之后越来越多的朋友生了孩子并且按照他们的本能行事。我看到好多人——包括那些父母不是来自异国的——和他们的孩子睡在一起，而且因为各种原因很享受这种体验。

当我怀着第一个孩子的时候，我开始疯狂地研究育儿，对于有关婴儿、儿童和睡眠的文字资料非常关注。根据我的理解，有两个主题出现在我面前，让我必须研究和面对，那就是：1）夜晚如何照料儿童才能有助于他们的发育？2）为什么与孩子共眠对他们有好处？我对于这两件事情到底是什么样的态度？在我得到应有的知识并能诚实地回答这两个问题之前，我觉得自己没有资格做出判断，因此也没有预订婴儿床。

儿童的发育与夜间的需要

这个问题其实可以用一句话概括：儿童在夜间和白天一样需要父母的照料。在刚出生的前几周和几个月里，新生儿并不能清楚地区分白天和黑夜。有时候他们会在深夜长时间不睡觉，却在白天呼呼大睡。即使孩子们习惯了睡眠和清醒的循环节奏，他们也不会就因为太阳落山了而失去对食物、亲密、抚慰和安全的需求。他们每隔几小时就会醒来，不管吃不吃奶。

他们还是愿意重温你的味道、你的声音和你身体的感觉。新生儿往往觉得自己和妈妈是一体的，他们对于这个世界的经验是模糊不清的。他们经常遇到不熟悉的味道和声音，而你就是你的宝宝的大本营。当一切都显得不对的时候，只有你是对的那个。在白天你是对的那个，在夜间你也是对的那个。

我曾经真的被我们的大儿子的睡眠难住了，与其说是睡眠，不如说是缺少睡眠（那时我常常如此感叹）。他每隔两小时就醒一次。开始是扭来扭去，接着就会大哭起来，出于本能，我总是把他抱起来喂奶，然后他就又睡着了。有时候，这个过程要花上很多分钟，而在前几个月里甚至要花上好几小时，把我累坏了。导致我白天上班就哈欠连天，晚上一到六点半就会觉得困，和孩子一模一样。在孩子一岁以前我基本都是7点半睡觉，每晚平均起来6次，早上7点就和孩子一起醒了。我和朋友的交流仅限于短暂的午餐，以及忙里偷闲接个电话或回个邮件。

我研究过为什么他会这么频繁地醒来，这种睡眠节奏简直让人发疯，其中肯定有特别的原因。我读了一些传统的书，那些书上说我应该看看是否他对什么过敏，或者是不是被单里尘螨过多，或者应该看看我儿子的睡衣里面是不是聚酯纤维含量超标。后来我又换了一个角度，从整体医疗的角度去寻找他睡觉爱醒的原因。在一种铤而走险的心理驱使下，我阅读了一些有关睡眠训练的书（说铤而走险是因为我一向对睡眠训练的思想不大信任），书上说我得意识到孩子总醒是因为他想用不好的方式控制我的生活，我得学会拒绝给他喂奶，不要搭理他。这个说法我不太能够接受。

最后，我开始研究婴儿的睡眠周期，我发现婴儿的睡眠是以90~120分钟为一个循环周期，这个周期中包括了我儿子所表现出来那种易醒的轻度睡眠。

也就是说，当婴儿睡眠较浅的时候他就容易醒，需要我们帮助他再次睡着。有些孩子比其他孩子更容易让自己睡着，很明显我的孩子不属于"有些孩子"。我们的儿科医生让我们确信这一点，他告诉我的正是我想听到的，也是我愿意接受的，那就是：他不睡只是因为他醒了。也许他饿了，也许他觉得孤独，也许他的牙疼了，也许他想尿尿，也许他做了个噩梦，也许他正胡思乱想……这些都不重要，他不睡只是因为他醒了。

这句话从儿科医生的嘴里说出来显得像是老生常谈，太荒谬太疯狂了，但是我和那些我欣赏的、有经验的父母交谈时，他们也是这么说的。他们每晚平均也起来4次，给孩子喂奶，摇他们，抱着孩子在地上走来走去，用胳膊搂着孩子，因为宝宝希望那样。这些朋友理解我的挫折感、疲惫感和绝望感。但是他们告诉我：一切都会过去的。把时钟拿走，别看时间，别再数醒了几次，就是起床喂奶然后接着睡觉。

正是这个建议让我的态度发生了转变，使我可以在孩子两岁之前一直让孩子做他要做的事，尽管我已经非常疲惫。我经常感到心力交瘁，而且我实在需要打个盹儿，虽然我不太愿意承认这一点。我会叫外卖，或者把冰箱里塞满食物，这样在我已经很累了的时候可以偷个懒，不用像样地做饭了。有时候我真希望这一切赶紧结束。在我儿子大约18个月大时，我曾经试图向他说明我不能再这么做了，我已经不行了。他连续哭了一分钟，我才意识到我们不能这么做。我需要睡眠，但他更需要我。我开始有意识地告诉自己我能做到，事情不会永远这样，我还有帮手，最后，我做到了毫无疑虑地在夜间好好照料宝宝，不必让他哭个不停，不必让他以他自己的方式学会放弃对妈妈的需要。

我决定放弃某些社交活动，因为全身心地投入育儿比那些更重要。即使有时候内心也有些挣扎，但我相信自己能够战胜它。我非常依赖那些使用同样的育儿方法的朋友，这样我们可以互相抱怨，而不用听到这样的建议："哦，你就应该让他自己哭完，晚上别给他喂奶——他不需要吃奶。"人们爱问新妈妈这样的问题："你家宝宝晚上能睡整觉吗？"国际母乳协会的会议和我的新朋友们都支持我，建议我略带嘲讽地回答说："哦，他能睡一整晚，只是每隔两小时醒一回。"或者用我最喜欢的方法，露出非常灿烂的笑容，然后用一个字同时也是一句话来回答："不。"

我不是女超人。我的睡眠需求也不比任何人少。我不是什么特殊的人，我也不想因为我在晚上做的事得到什么奖励。然而，我坚信，教你的孩子夜间不需要你，不代表他们真的不需要，相反，这会使他们相信你不会对他们的需要做出回应。实话说吧：如果不去关心宝宝们的夜间需求，就是在告诉他们你不会理会他们的需求，所以他们最好别再表明自己的需求了。我真的无法理解，为什么要这么小的孩子学会独立？他们甚至还不会怕，不会走，不会说话，便便后不会擦屁股……我是想说明如果你不去回应孩子的夜间需求就会给孩子留下心理创伤吗？不。我是在暗示每个人都能下决心满足孩子所有的夜间需要吗？也不是。

我想说的是：我不同意也不理解那种夜间对宝宝不管不顾的育儿方式。自己躲到一边去，孩子哭的时候不去理会孩子发出的求助信号，让他们自己哭完为止，让他们的身边只留下对此毫无准备的爸爸，这个可怜的爸爸忽然之间需要忍受孩子的尖叫、抽噎哭泣和因此造成的呕吐，吐过之后孩子终于失去知觉睡过去了，这就是你所谓的"睡个好觉"？

我相信每个人都有照顾婴儿的能力，只要你愿意去照顾他，愿意调整你的睡眠需求去适应宝宝的生长需要。你不需要担心孩子们会因此无法学会自我安慰或者会被你的关心宠坏，那根本不是事实。

与婴儿同睡的历史

在几乎整个人类历史上，人们一直与孩子分享一个卧室（同睡），有时候也会住在同一个床上（同床）。注意，不要误解我的意思：不是说有史以来我们所做的一切都不需要做出调整或改进。例如，户内水管系统、徒手杀死动物作为食物的需要、不用麻醉剂的大手术，随着时间的推移，这些事情和其他的许多事物一样经历了巨大的改进，我对这些领域取得的进步感到欣欣鼓舞。

然而，数万年来，人类的家庭一直依群落而居，这有利于家人共眠。那么关于睡觉的安排为什么在近年来有了历史性的调整呢？这个体系的哪个环节断裂了，以至于需要修补呢？其实，没有什么大的突变，只是与子女共眠的做法不再受到欢迎和人类财富与资源的增加有关系。随着房子变大，人们开始觉得有必要脱离原来的旧式生活方式。在奢侈之风大行其道的环境下，与孩子同睡被认为是不必要的。再加上几个虽不常见但曝光率很高的婴儿窒息而死的事例，导致了人们对于和孩子同睡的排斥，使这种习惯渐行渐远。

在了解了有关人类与婴儿同睡的历史以及安全同睡的合理方法之后，我得出一个真实的结论，那就是：与婴儿同睡没什么可怕的。

这么做确实很亲密，但是我觉得和一个从我肚子里出来的、我一见钟情的小家伙一起亲密地同睡没什么不对的。就我而言，我们已经亲密无间了，为什么非得人为地划分界线呢？

独自睡觉的缺点：
我很脆弱我很孤独，你呢？

独自睡觉让你更易受到伤害，自然界很少有动物那么做。想象自己是一只刚出生的黑猩猩，或任何非夜间活动的动物。当新陈代谢率下降、身体需要休息的时候，如果没有人在身旁保护你的话，独自一人会使你易受攻击。当然，我们不是处于纯粹的自然环境下的动物，但是从进化角度来说，我们从本性上非常接近动物，虽然你可能不愿意承认这一点。而且，在近几万年中居住在房屋和聚居区中，我们的基因构成并没有发生什么翻天覆地的变化，不足以证明独自睡眠是更有益的方式。我们天生就应该像动物一样：和家人睡在一起。

独自睡觉会很孤独。虽然有时候儿童、青少年或成人都确实需要独处的时光，也确实有许多人喜欢自己睡觉，但是新生儿和任何曾经恋爱过的人都会明白睡在某个人的旁边感觉有多美好。那感觉很妙。如果你感到悲伤，身边有人会安慰你。如果你感到开心，那个人会与你分享。如果你觉得冷，你们可以靠在一起取暖。如果你想要什么东西，有人在那儿帮你拿。如果你是个社会动物（就像我们人类那样），社交不会在太阳落山后停止。我们在晚上联络感情，我们讨论白天发生的事，我们和躺在旁边的人交流一天的体会。有时候那个人非常矮小、头发不多、说话不太

107

利索。（我可不是说我丈夫）

晚上睡在宝宝的旁边，我们就能和他们一起分享对这个世界的体验，即使我们还没完全理解那对他们来说意味着什么。

我是那种讨厌独自入睡的人。我很少在睡觉的时候渴望独处，我喜欢晚上的时候和所爱的人亲密相处，这让我丈夫差点儿疯掉。在我们有第一个孩子之前，我搂着他入睡坚持了差不多一年，后来他终于承认自己晚上不太喜欢被搂着睡觉。他觉得睡前一吻就够了，在那之后他希望能随便翻身，不用担心打扰到我。

我很幸运，我丈夫在大学期间学过人类学，我所学到的关于宝宝以及夜间易受伤害的那套理论他并不意外，他在学习动物学（主要是灵长类动物）和人类学的时候都曾接触过。当我怀了我们的第一个儿子之后，我们都很清楚和孩子一起睡是我们想要的，也是我们需要做的事，对我们也益处良多。孩子生出来之后，我丈夫完全能接受我躺在一个人的身边、搂着这个人而这个人却不是他的事实。现在他要应付的只是我每隔两小时就拍醒他，让他帮着换尿片，把枕头摆好以方便我喂奶，给我倒水或拿点零食，有了他的帮忙我才能去全身心地关注孩子。

同眠的益处

睡在新生儿的旁边更方便喂奶，这比睡在另一个房间，半夜起身去抱婴儿喂奶要更省力，能让妈妈得到更多的休息，还可以让妈妈的身体管理宝宝的体温，让妈妈保持警觉。睡在新生儿的旁边能确保孩子的每次急剧变化或反常的呼吸都在妈妈的监控范围内（即使妈妈已经睡着）。使用婴儿监控器和睡在宝宝旁边不是一回事儿。当你的身体接近他们的时候，你可以感觉到他们身体的移动，你可以听到并分析出他们呼吸的微小变化，你还可以在一毫秒之内伸手够到他们。

知道我的孩子就睡在我的身边，这让我休息得更好，明白自己可以随时知道他们是太热、太冷还是呼吸不顺畅——无论什么问题我都能马上发现。在他们旁边我很有安全感，我知道他们也同样觉得安全。作为一个有着5年哺乳经历的人，我知道如果不是翻身起来就能给他们喂奶，我可能早就疯掉了，早就放弃母乳喂养了。因此，对于我来说，与孩子共眠让喂奶变得十分方便，而喂奶正是我最厉害的育儿利器。在我看来，想要日日夜夜陪伴在新生儿身边是非常自然的，再正常不过，也非常有益健康。

对于我们来说，与宝宝同睡还有一个意想不到的巨大好处，那就是，即使你睡觉很轻或者爱睡觉，睡在宝宝旁边仍然是一件妙不可言的事情。没有什么能和夜间与宝宝同眠相比，尽管那可能需要一点儿时间去适应。孩子们总是爱扭来扭去，他们通常喜欢紧贴着你，用手臂紧紧搂着你，或者喜欢横着睡，其原因我一直没弄明白，也不想弄明白了。我们的大儿子在夜间会有好几次紧靠着你依偎取暖，如果你想摆脱他的"魔爪"，得耗费惊人的力量才行。

人们经常错误地认为我是那种睡得很沉的人，还认为所有和孩子一起睡的人都是睡得沉的人。他们夸张地描述他们的孩子爱动得离谱，他们根本应付不了和孩子一起睡，因为他们自己还得睡觉呢。首先，我睡觉并不沉，所以开始我也能感到他们的每个动作。许多人决定放弃美容觉，因为他们从根本上知道这对他们的宝宝是最好的。所以关于你为什么不能和孩子一起睡，你还没能说服我。

其次，如果你是一个非常喜欢睡觉的人，恐怕你会吃惊地发现一个恼人的事实，那就是：你有了孩子之后的睡觉方式再也不能和以前一样了，特别是孩子妈妈。

夜里，你会对宝宝产生一种第六感。当孩子处于不利情况的时候，你会出于本能想找到他们，你会感同身受，会随时保持警觉。许多人希望这种本能消失，这样他们才能睡个好觉。对不起，诸位。那种本能是有益的，能帮你保障孩子的安全。

最后，我无法用语言描述那种从断断续续的轻度睡眠的各个阶段中醒来，看到孩子的小身体在你身边蜷缩在一起的那种感觉：他们在梦中呢喃的小声音，他们香甜的皮肤和光滑的头发散发出的甜香，伸展着印象中只有一丁点儿大的小胳膊小腿儿（他们出生不就像是昨天的事儿吗？）。他们的四肢在白天的时候已经显得很强健，但到了晚上，它们看起来那么柔软，做出不可思议的、弯弯扭扭的动作，他们的嘴唇会凑过来等着被亲吻，一旦他们的语言能力足以表达他们心里那个让他们心满意足的事实，无论白天还是夜晚都会向你宣布他们对你的爱，那份爱是你第一次抱起他们的时候就深深感受到的。

用家庭床的婚姻是什么样子的？

我已经说过我们有两张床，但是实际上我们最初只有一张床。我结婚的时候带来了一个很可爱的价值不菲的双人日本床垫，配有一个精美的黑色木制床架。（我丈夫带来一个钢丝架的单人床垫，被处理掉了）我们在生大儿子之前都睡在有床架的日本床垫上，到了他出生的时候，我们决定撤走床架，直接把床垫铺到地板上，这样才不用担心宝宝会掉到地上的问题。这么做破坏了那种床的美感吗？是的。这么做是不是有点儿像住在青年旅馆？是的，有点儿像。如果你决定和孩子同睡是不是意味着你必须住在地板上？不是的。没有什么比听到下面这个托词更让我厌烦的了：有人说和孩子同睡"行不通"，因为他们二表姐的最好朋友的老师的水管工的孩子从床上掉下去了。如果你让孩子睡在你床上却没有保护他们不从床上掉下来，你就是在给与宝宝同眠这件事抹黑！有许多方法都可以解决这个问题，只需要对床略加改动就可以让你和孩子安全地同睡，既简单，又不贵，还能周到地保护你的孩子，比如给床加个防撞杆或其他附件装置。

我们和大儿子一起，在地板上的日本床垫上开心地（还很舒适地）住了两年。当我怀了二儿子的时候，我们将床垫换成了特大号的，在我们的卧室里腾出地方把双人床垫放在它旁边。我开始的时候是和大儿子住在"大孩子"床上，后来他断奶了，我怀孕的月份增加了，我丈夫就接替我照管大儿子的夜间需求。一旦孩子出生，小宝宝就和我睡在大床上，我丈夫就带着大儿子住双人床。

小宝宝出生最初几个月，我们的大儿子显得很抓狂，我经常带着两个儿子一起睡，一边一个。在小儿子一岁之前，我丈夫和大儿子的读书时间和共处时间使得大儿子彻底爱上了爸爸。我每周特意留出一晚和两个儿子一起睡，但经常在醒来的时候却发现大儿子已经醒了，爬到我丈夫那边去了，心满意足地依偎在爸爸的臂弯中。

我经常被问到的是关于我和我丈夫的问题。关于夫妻生活的。那些爱问这些问题的人的性生活往往比我们有孩子之前还频繁，不过我能理解他们对这个问题的兴趣。我丈夫刚好得出了结论，认为同床共睡对我们家来说是最好的，能让我们彼此更亲近，有助于培养亲密关系和安全的依恋感。这个人之前是很讨厌和别人挤在一起的。这么做感觉很好，也很适宜。上天保佑我有一个同意这个理念的丈夫，尽管他从前的想法并非如此。

那是否意味着他从不盼望孩子们不在床上的时候？当然不是。多数时候他只想好好睡觉，但是很少能做到。我们的孩子们在我们的床上睡，所以我们不能在那儿过夫妻生活，就是那么回事儿。我们可以在家里的任何其他房间亲热，我们就是那么做的。我意识到（他也意识到了）这不是亲热的最便捷的方式，也不是最舒适的方式。但是我们目前共同有意识地选择了我们的生活方式，毕竟在生活中和夫妻关系中还有比这更糟糕的事，我们没什么不能释怀的。

我想如果我们不和孩子一起住，会过更多的性生活。但是许多和我聊过这个问题的夫妻虽然不和孩子一起睡，他们的性生活还是不如以前频繁，那也没什么。有了孩子之后。许多事情会发生变化，最急需处理的事情也不同了，行程表也不一样了。对于这些变化我们不能硬碰硬，需要有相应的缓冲。我也非常重视我丈夫的需要。我重视我们的婚姻，希望它能安然长久。我希望让孩子们看到一对模范夫妻，互相沟通，互相帮助，幸福地在一起。这就是我目前需要做的事情，至于我们的夫妻生活是不是比从前少，或者是不是比朋友们的少，那些都不重要。我和我丈夫觉得我们得按本能生活。如果你像我们一样想在晚上和孩子们待在一起，你就得弄明白怎么能解决一切和它有关的事情。

结论

我不知道是否有比让孩子按我们希望的方式睡觉更热门的话题。人们往往花上几千元来买书、小玩具、光盘或者请睡眠训练师，强迫一个无助的小家伙快速长大，早早独立，学会自我安慰，自己入睡。我决定做出一点儿让步，顺应孩子们的夜间需求而不是逆流而上。想要逆流而上本来也不是那么容易的，有时候我最乐观的猜测是对的：这可不是我能轻易赢得的战斗。

因此我放弃了战斗，这让我觉得更快乐，更精力充沛，更愿意陪在他们身边，无论是白天还是晚上。

我知道与孩子同房间或同床睡觉并不一定适合所有的人，但即使你无法想象在自己家中实施这个做法，对于其中的理念稍有了解也会有所助益的。首先，要知道你的孩子表达的是他的需求，而不是想要操纵你的想法。如果你的孩子表明他还没准备好在晚上单独睡觉，那你可以采取有效的方法鼓励他在夜间的独立性（如果那是你的初衷的话），但是不要让孩子失去表达自己感觉的勇气。要抵制在"担忧"中养育子女：担忧他们会学不会脱离你的照顾单独入睡，担忧一旦你让步，他们就再也不会离开你的床或你的卧室。要根据直觉来当父母，而不是受制于担忧。

其次，不要害怕孩子睡在你身边所促成的亲密感。搂着孩子入眠，享受抱着小家伙的温暖感觉，这没有什么不可以。

最后，如果睡眠方式成为一件难事儿，你应该对尝试新事物采取开放的态度。对抗孩子的夜间需求只会引发更激烈的对抗。要确定什么对你来说更重要，然后以温和的方式和开放的态度向那个目标迈进。你永远猜不到会得出何种对你来说行之有效的解决办法。

至于我们，我们的儿子最终学会了在晚上睡觉，睡上一整晚。我们选择在他入睡之前一直和他躺在一起，在他逐渐获得自信的过程中让他感觉到变化，我们让他自己去探索自己入睡是什么样子的，感觉如何。小时候和父母一起睡的孩子不会怕黑，也不会害怕睡觉。

家庭床是体现我们全家平等的地方，而且在我们的第二个孩子出生后，我觉得是家庭床让我们的大儿子得到了心理平衡。当我们闭上眼睛、彼此搂抱的时候，我们都是平等的。

尽管小宝宝不时需要吃奶、尿尿和抱着来回走，让我和大儿子都觉得有些难以承受，但是当我们关上灯，共同发出如释重负的呼气声的时候，虽然备感疲惫，心中却充满温柔。我们就会一觉睡到天明。

我们的孩子们总会长大，不再需要住家庭床，到了时机成熟的时候他们可以住兄弟床或者上下铺。现在距离他们高中毕业单独居住还有相当长的一段时间。孩子们想获得独立这很正常，但是他们在很大程度上是受到来自同龄人的压力和媒体的影响，被灌输什么才是"正常的"。我们的儿子们不觉得任何人都得单独睡觉。让他们的小脑瓜去冥思苦想其中的道理太为难他们了。这听起来可能会显得他们有些天真，但是我们觉得这很可爱。

睡觉的地方应该是孩子们觉得安全并能得到照顾的地方，我们所选择的养育方式不应该取决于天空中太阳和月亮的位置，而应该遵循他们身体和心灵的意愿。

宝宝需要婴儿马桶：
把尿法

　　我并没有对两个孩子进行坐便盆训练，这是怎么做到的？容易得很！宝宝们生下来就具有这个能力，父母才需要这方面的训练！如果你出于好奇心直接就翻到了这章我也不会感到吃惊，也许你只是想要嘲笑一下我为此付出的代价——确实有理由如此：关于训练孩子大小便的话题到处都是，争议不断，经常让人感到沮丧。此外，刚刚为人父母的人们经常说这是孩子出生前几年中最让他们感到头痛的经历，是一个凄风苦雨、令人泄气的情感雷区。原因如下：这场战斗发生在你和一个比你小得多、认知能力也比你弱得多的小家伙之间，但是这个小家伙在这件事上却轻而易举地表现出足以打败你的聪明、理智和机智。

　　那么，我是怎么避免打这场硬仗的呢？即使在你不想让新生儿用尿盆的情况下，我有什么有价值的东西可以告诉给你的吗？

　　这个问题是在我怀了第一个儿子的时候开始的。我通过一个共同的朋友认识了一个准妈妈。我们聊了起来，她说她压力很大，因为她决定实施"把尿"（又称自然婴儿便溺），因此需要在孩子到来之前把家里的所有地毯都撤走，好在婴儿出生第一天就可以实施这个方法。不仅如此，她接着告诉我说在撤换地毯期间她住在后院的帐篷里。怀孕好几个月，住在帐篷里。这样她就可以不给孩子用尿片了。她的公公婆婆都在怀疑她的精神是否正常。嗯……是的，我也在怀疑她是否正常！这个新朋友和我最后是在同一天生的孩子。我们在接下来的几个月中成为非常亲密的朋友。在适应总得抱着新生儿的生活过程中，有一个密友可以分享我们的担心、兴奋和牢骚，这简直太好了。

坦率地说，我尽量避免问她关于把尿法（Elimination Communication，通常被称之为EC）在她和她女儿那里实现的效果，因为我害怕当她谈到这个问题时，自己无法控制地表现出我对这个方法的蔑视和敌意，然而，当我们的孩子快到6个月的时候，她总是忍不住要谈到这件事，她对于这个方法给她们母女带来的亲密联系和给她带来的力量大加赞扬。我总是有礼貌地听着，然后，有一天她给了我一本关于这个话题的经典书。我微笑着勉强接受了。在那几个月里，因为给孩子喂奶或者孩子在我怀里打瞌睡等原因，我总是得连续坐上好几小时，所以我就读了这本书，与其说是出于好奇，不如说是出于无聊。

结果，我被它迷住了。我被打动了。虽然不太愿意承认，但我同意这本书里提出的哲学理念，那些关于宝宝的需求、意愿、权利和我们这个星球的哲学观点，关于我们对于宝宝和宝宝世界的责任的哲学思想。里面讲述的一切都非常合理。

当人们问起我的丈夫是否同意我在育儿方面所做的所有选择的时候，我通常会回答说几乎所有的决定都是我们共同做出的。但是，把尿法是一个经我提出却让他不以为然的育儿方法，他觉得这个方法非常荒谬、完全没有必要，简直是有些疯狂。当我最早和我丈夫谈到它的时候，我是这么说的："如果我告诉你我们所知道的一切关于宝宝和尿片的知识都是错误的，你会怎么想？"他茫然地瞪着我。然后我就接着说了，我动力十足，准备告诉我无知的丈夫一切尿片都是陷阱，不仅仅是一次性尿片的问题："宝宝生来就知道他们需要上厕所！他们不想便在裤子里！如果我们能和宝宝建立一种以前做梦也想不到的联系，帮助他使用尿盆而不是尿布，我们就能为这个国家省下数千万元，还能减少垃圾堆的数量。他会训练我们做到的！我们会拥有一个不用尿片的宝宝！这是不是让人感到振奋？"他还是茫然地瞪着我。他一点都没觉得振奋。一点儿也不，一丁点儿都没有！

这么想的不仅是我丈夫。我知道多数人都觉得把尿法根本就不实际，还显得非常傻气。然而，即使把尿法对你并不合适，我觉得你还是应该听听我们为什么要这么做、我们是怎么做的以及我们从中得到哪些裨益，你会从中学到某些有价值的东西。即使你觉得它平淡无奇又不切实际，还非常傻气，你也可以从中学会一些东西，帮助你在需要的时候为你的宝宝进行如厕训练。

理论

在读接下来这几段内容的时候，请把你觉得自己已经掌握的知识忘掉。宝宝们生来就对自己的身体有天生的感觉。在出生几天之后，多数的新生儿就已经能在想便便的时候做出虽然不易察觉，但却可靠的暗示了。这些信号因人而异，但是如果得到强化，宝宝们就会很快地学会在便便之前发出更强烈、更明显和更可靠的信号。

如果身为父母的你能够努力去学习宝宝所发出的信号，就能大幅度地减少你所用尿片的数量，甚至彻底不用，因为你的宝宝会训练你在他们需要大小便的时候带他们去卫生间。他们会将把尿的需要传递给你。这就是把尿法的精髓。

接下来要谈的是几个关于把尿法的要点。

★把尿法不是大小便训练

把尿不是让孩子去做他们不想做的事。不涉及奖励或者惩罚。当宝宝成功地使用婴儿马桶的时候，我们不会为他鼓掌或者振臂欢呼；我们不会做个表在上面贴上金色的小星星；我们不会用糖贿赂孩子。当孩子尿到地板上或者用尿片的时候，我们并不责备他们，不会生他们的气。我们只是观察孩子的行为，将某天或某个发展时期对孩子有用或不能奏效的方法记录下来。宝宝们本能上并不想尿在尿片中，就像自然界的动物不想在它们便溺的地方吃饭或睡觉一样。在我们国家和其他许多国家，我们基本上是在教孩子在尿片里大小便，随后却在2～4年或通常五六年之后以"大小便训练"的名义和他们较劲，甚至是惩罚他们。

★经常待在孩子身边才能准确地看懂他们的信号

如果发出的信号不能得到加强，宝宝就会不再发出信号。由于宝宝发出的信号随着年龄和发展阶段会有所变化，暂时学会宝宝的信号不能确保你取得成功。只有经常接触孩子才能确保你能够观察他们、了解他们的行为模式并能持续地回应他们发出的信号。最终，不需要语言交流，你就能了解到他们的大小便需求。把尿法并非只适用于母亲，其他的照料者，比如爸爸、祖父母、保姆和临时保姆都能参与。

★世界上许多国家都在实施（或者已经实施过）把尿法

许多非洲、亚洲和中东的妇女仍然在使用把尿法。他们没有称其为把尿法。他们称之为顺其自然。在那些妈妈经常把孩子带在身上的文化中，妈妈很快就能从孩子的扭动（或其他信号）中辨别出孩子大小便的需求。尽管环境卫生是某些文化不需要用尿片的因素之一，多数非西方人对于美国人的做法还是感到震惊，从数据上看，美国人一方面在孩子半岁大之后坚持让妈妈们母乳喂养，另一方面却在孩子已经两三岁的时候还是让孩子用纸尿裤。在很多国家里，做法正好相反。

把尿会加大妈妈的工作量，但非常值得。

在孩子两岁之前鼓励他们在纸尿裤里小便比总是带他们去卫生间要容易得多。然而，我确信和一个2～5岁或6岁的孩子商量，对他们进行大小便训练要更加困难。

丈夫的不情愿以及实施效果

在听完我丈夫对于把尿法的反对意见之后，我开始对自己产生了怀疑。他说这么做工作量太大了。我不由得叹气，他可能是对的。他说那样做太麻烦了。我想要是我取得了巨大的成功就不麻烦了！他说那会拉开他和宝宝的距离，因为他没法抱着宝宝还不被尿一身或者拉一身。他有些沮丧。这让我有些犹豫。他想表明的是我早就了解的事实，那就是：我本来就已经因为母乳喂养跟孩子更加亲密了，他不想被落得更远。而且，没有人真想让他们的宝宝尿得或拉得满身都是。作为妥协，我告诉他只要他抱孩子的时候我就会给孩子放块尿布，但是我自己想要试试把尿法。所以我就试了。

　　当时我的儿子已经6个月了，正是实施把尿法的黄金时间的最后阶段。开始的时候，我只是观察他什么时候想要便便。我给他垫一块预先折好的棉尿布，然后一直查看尿布什么时候变湿。我发现，他每隔15分钟就会尿尿，简直不可思议。他愿意在吃奶之后尿尿（谁不是呢），有时候还会在吃奶的时候边吃边尿（对此我表示无语）。在夜间，他都是刚好在我喂奶之前、每隔两小时尿一次尿，然后就会重复这个过程。我被吓到了！每隔15分钟！好吧，我已经没什么自己的生活了，但是把尿会让我那所剩无几的个人时间也消失殆尽。

　　但是我们的宝宝绝对能发出信号，这一点令我重燃希望并让我丈夫转变了想法。他会将他的胳膊上下摆动，就好像要飞一样（我们称之为"扇动翅膀"，甚至为此编了个小歌谣），这时候我们给他把尿，他就会尿。真是神奇。我丈夫就这样成了把尿法的信徒。

　　到了12个月大的时候，我们的宝宝多数时候不会尿到尿布上。他会用婴儿马桶了。他在10个月大的时候就学会了使用婴儿马桶。在他13个月的时候上的亲子训练课上，当我告诉老师他不会说话、不会走、还没吃过辅食，但是他想要上厕所的时候会告诉我的时候，老师惊讶地瞪着我，嘴张得好大。从他8个月大以来他用过的尿布屈指可数。大小便都到婴儿马桶里去了。到了18个月大的时候，他就开始穿内衣裤了。那以后，他几乎不记得自己在尿布里撒过尿或拉过便便。

　　后来，我们的宝宝发出的信号更强了，出现了明显的模式（当信号不如以往那么频繁的时候，把握时机通常会很有帮助），你真的能够明白宝宝便溺之前所给出的暗示。一旦孩子们学会用婴儿马桶，他们就不"憋"尿。他们会在他们熟悉和感到舒服的位置撒尿。这不仅意味着他们喜欢在你把尿布取下的时候尿尿，他们真的学会了用婴儿马桶。他们不会得尿道感染，这对他们的健康不无益处。相信我：如果他们真的急需尿尿，他们会在任何地方尿的，我的意思是任何地方。

说到"任何地方"，最好不要让没带尿片的宝宝独自待在铺着地毯的房间里，在你不想或者无法时刻保持警觉的时候，请给孩子用尿布！他们可不知道哪个家具价格昂贵，在弄脏东西这件事上他们是很随意的。老实说，有些人无法想象孩子不用尿片到处大小便的情形，但是就像我们在有了孩子以后所做的各种调整一样（比如我们得让易碎的东西远离孩子的接触范围），只要稍做准备，就能让我们的宝宝在家里安全地随处走动——无论他们用不用尿片。

被把尿的宝宝一般都是在马桶、洗手盆、灌木丛和树木上便溺，在此过程中，他们会用后背顶着你的肚子。

当他们足够大的时候，他们可以自己坐住了，最终会学会自己爬到或走到婴儿马桶那里去。无论白天晚上你都可以把尿；有些人用棉质尿布去接漏网之便，另一些人（纯粹主义者）铺上容易洗涤的寝具来防止漏网之便。我们是用一个把尿带（想象一下在宝宝的腰部系了一个巨型发箍），里面掖了一块尿布（想象一下一个只有70厘米的相扑选手，那就是我们的小家伙一岁前的样子）。多数实施把尿法的父母都用棉质尿布，这样宝宝如果便在尿布上，他们才会有感觉。正是这种不舒适的感觉才能鼓励宝宝明白用便盆比用尿布更好。一旦孩子开始吃辅食，他们想要拉便便的信号就更容易读懂了（把尿和不把尿的父母都能知道），同时你还会又惊奇又兴奋地发现一个小娃娃的身体里能拉出来那么多的东西，那些东西不应该拉在尿布上，不然你还得费力去收拾。

这个科学思想并非毫无瑕疵。我们也遇到很多次漏网之便，我们得忍受那些看到这些便便的人们的冷嘲热讽，他们经常满意地点点头，说："我就知道这个方法行不通！"我们对此经常一笑而过，对那些我们成功接住便便的时刻心存感激。当宝宝病了或者长牙的时候，他们的信号往往不那么准确，当你让他们坐便盆的时候，他们会打挺儿表示拒绝，尽管你知道他们想要便溺。即使是非常小的宝宝也能感觉到我们的情绪，当我们催促他们或者有其他紧张情绪的时候，他们通常会拒绝便溺。

下面是我们在育儿方面学到的经验，不仅局限于大小便问题，那就是：按你自己的方法去做。别人愿意说什么就让他们说去吧。你比任何人都更了解自己的宝宝。有开心的时候，就有不开心的时候。你的宝宝一定会让你意识到这一点，让你大吃一惊。他就好像是在说："今天不高兴？但是可别拿我撒气，要不然我就不往便盆里尿，我会尿到地毯上。"你懂的。

结果

把尿的益处数不胜数。我在这里讲的这些绝非罕见，对于那些努力实践把尿法的人来说都是习以为常的。生第二个儿子的时候，我们在第二天就开始把尿了。令人难以置信的是，到了他两周大的时候，我和我丈夫就发现了两个规律：1）宝宝想要便便的时候会拒绝吃奶；2）他想便便的时候会露出茫然远望的奇怪表情。

值得注意的是，更早地实施把尿法并不会改变孩子的整体发展。也就是说，把尿不能加速宝宝的学习进程，也不能教会一个4个月大的宝宝走到便盆那里去并把他的小内裤脱下来。运动神经的发育只有当时机成熟的时候才会发生。因此较早实施把尿法只是能减少用尿片的数量，并不意味着孩子能完全独立大小便。小宝宝还需要得到你的协助。

尽管以上的预先声明是事实，但我们给小儿子更早把尿对于我们和他来说都非常有效。他从非常早的时候就能给出强烈信号，因此大部分时候，他的小屁股都是干干爽爽的。他15个月的时候就穿小内裤了，那时候他还不会走。和大儿子相比，他的漏网之便更多，因为我们得同时照顾两个孩子。想要在同时对两个孩子的变化保持警觉显得有些强人所难，要像带大儿子时候那样几乎接住所有的便便也不太可能，但是我们还是对这个过程充满惊喜。

把尿法不可思议的好处有：

★用婴儿马桶绿色环保！

少用尿片意味着更少的浪费（一次性纸尿裤占垃圾场中不可降解垃圾的1/3），更好洗涤（如果你家用的是尿布），兜里的钱更多（我们不用买纸尿裤）。

★自己宝宝的大小便并不恶心

我们的文化过于重视清洁卫生，总是想寻找那些有利于无菌环境的方法，无形中拉开了你和新生儿的距离，而新生儿的需求应该以最亲密的方式得到关心和照料。把尿能帮你弄清楚宝宝的身体运转情况，让你了解并控制他们的排便规律。这并不是神经兮兮的胡言乱语。知道什么是"正常的"排便能让你辨别出任何异常的情况，例如生病和感染，甚至是长牙引起的良性变化。一个正在实施把尿法的朋友在某天早晨注意到他儿子的尿里带了一点点血丝，如果是用纸尿裤是无法发现的。她带他去看了儿科医生，医生证实孩子处于尿道感染的早期阶段。因为她发现得早，孩子不用打抗生素，她自己就能应付这些早期症状。在那个时刻，她觉得自己充满力量，感谢自己是实施把尿法的母亲。为什么不做一个对宝宝有全方位了解的专家呢？你凭直觉就知道你的宝宝需要什么，了解他们的排便规律让人信心倍增，让为人父母变得更加得心应手。

★尿布疹，再见！

你猜怎么着？把尿的宝宝不得尿布疹。尿布疹是因为孩子坐在屎屎里造成的。我们开始给大儿子把尿之后，他就没再得过尿布疹。我们的小儿子从来没得过尿布疹。宝宝得了尿布皮疹不仅给父母造成麻烦，还会让宝宝感到非常疼痛。尿布疹的治疗方法无外乎用激素为主的药膏（在严重的病例中）或是用阻隔湿气在皮肤形成的隔膜物质。一次性纸尿裤生产厂家用生产"更易吸收的"纸尿裤来应对这个问题，其卖点是你的孩子再也不觉得潮湿了。

"更干爽"不仅意味着要添加更多未经全面测试的不安全的化学物质，用这种创可贴式的做法来解决问题让我感到非常奇怪。简单地说，宝宝不应该被迫坐在他们自己的排泄物里。当朋友们问我怎么治疗尿布疹的时候，我回答说最好的办法是尽量不让宝宝的皮肤接触到屎尿，直到皮疹消失为止。他们一听说得去处理孩子的屎尿就被雷到了。难道给孩子处理一天的屎尿就能改善他们皮肤溃烂流血的问题不值得吗？我再重复一遍：自己宝宝的屎尿不会让你感到恶心，真的。

★把尿法帮助我更好地育儿

这个益处是人们乐于听到的。就像我前面说过的那样，我的孩子们说话真的很晚。我的大儿子直到3岁多了才会说句子。他什么"毛病"也没有。我的小儿子貌似会和他哥哥一样说话晚。我的孩子们的情况就是这样：个头大、动作慢、脾气平和安静。我的一个好朋友有一个和我儿子一样大的女儿，她经常对我在我儿子会说话之前能明白他的意思感到不可思议。她注意到我对于他所有的需求都能彻底了解，比如吃奶、吃饭、情绪变化、不舒服或者长牙。她是对的，我明白他所做的每个表情所表达的意思，每一次耸肩，每一次把头靠到我的肩上，每一次皱眉。她不明白这是怎么回事儿，不明白为什么他没因为不会说话而感到沮丧，尽管其他同龄的小孩都因为不会说话而着急。后来她给第二个女儿实施了把尿法，然后她说她得到了跟我一样的礼物：把尿法让她和女儿得以进行全方位的深层次交流。

★即使你不想用把尿法，也能从中受益

假如你跟着我的思路一直读到现在，你可能会想我只不过是抱着个新生儿到桶上去撒尿，然后大肆宣扬因为我们实施了把尿法而做到了彻底了解我的孩子们。不要担心：我知道把尿法不能适用于任何人。实际上多数人可能都无法做到，这没关系。对于

我的家庭来说，这个做法彻底改变了我们对于育儿的看法，我觉得这对于所有的父母来说是共通的，无论把尿与否。我们在孩子小的时候的投资与努力——无论我们的育儿方法是什么——都会影响他们和我们的未来生活。把尿是我们一直支持的一种投资，但是我觉得即使那些用传统排便训练方法的父母也可以从把尿带来的好处中受益。

当你决定进行大小便训练的时候，不要忘了你和宝宝之间建立的那种联系是非同凡响的，而宝宝的需求应该完全地、彻底地、百分之百地得到照料。我们的孩子身上没有什么过于私密、过于恶心或者过于具有挑战性的东西，父母们只要稍加留心，都能掌握。无论你的孩子什么时候开始学会用婴儿马桶，这一点都是确定无疑的。一旦我们对于自己的孩子有了深入和深刻的理解，孩子们一定能体会得到。

由于在小儿子身上一开始就实施了把尿法，我对于宝宝排便有了更深的理解，原来被我认为是孩子大惊小怪或黏人的一些行为后来被证明是孩子想要排便的可靠信号。孩子的行为与排便需要有如此大的关联让我们惊讶不已。因此，无论你何时对孩子进行排便训练，最好记住这个事实：孩子想要如厕的愿望会在许多方面影响他们，在大小便训练的征程上你要尽量保持耐心。

我丈夫以前对把尿法深表怀疑，甚至听到我提到把尿二字都会不高兴，现在却对这个方法和其中的哲学思想深信不疑。虽然他一向是个很愿意帮忙照顾孩子的丈夫，但是他绝对不是那种婆婆妈妈的"连孩子拉屎都愿意谈"的类型，可他现在却会鼓励我们认识的妻子、怀孕的夫妇考虑使用把尿法。当那些更关心怎么省心省力而不是怎么用桶接住便便的陌生人茫然地瞪着他看的时候，我淡然地笑了。我明白那种瞠目结舌。我有过因为对把尿法不了解和不以为然而为之瞠目的经历，也经历过对把尿法的神奇效果震惊不已的瞠目结舌。我的本能确定地知道宝宝们的大小便是生来就有规律可循的，而我们要做的只是顺应这个规律而已。

第三部分

婴儿不需要什么

婴儿不是什么都需要：
要弄清他们的基本需要

几年前，我想到一个非常大的全国连锁店退货，那里几乎什么都卖。你可以一站式购买手纸、园艺设备、服装、贺卡、糖果……当然，也包括婴儿用品。

我在那逛了一天，就碰到了至少8位带着孩子的妈妈。对于一个曾经是业余人类学家的人来说，我觉得所有这些母婴组合都有点儿什么不对劲的地方。我很快就弄明白了：东西太多。

这些妈妈每个人都带着一个宝宝，又给宝宝带了一大堆东西：昂贵的婴儿推车，宝宝的周围掖着绸缎内衬的漂亮毛毯；精致的婴儿座椅运送架，里面装满晃晃荡荡的各种玩具，还有各种安抚奶嘴。

如果宝宝不是在推车里或者婴儿座椅里，他们就是坐在一个购物车里，周围垫着布垫，以防止他们的手或身体接触到购物车的金属和里面的细菌。

让我同样感到不安的是我在这些妈妈的购物车和购物篮中的看到的更多的东西。孩子四周都是东西，好多好多东西。

现在你可能觉得我太武断了。也许购物车里的所有东西都是给朋友的礼物，或者是要赠给那些没钱给孩子买这些东西的人。

你也可能是对的，但是为了讨论方便，我们先假设我在他们的购物车里看到的那些东西都是给他们自己买的。你就想象一下，在某个大型连锁商店里，有一个妈妈推了一大车她给宝宝买的东西。我们就从这里开始说起。

各种各样的东西

从全世界范围来说，婴儿商品是一个价值数十亿的产业。甚至可以这样说，婴儿用品的丰富程度足以让人感到难堪。我并不是不了解自由市场的运作方式：我们对于某种商品有需求，因此某产业就供应这种商品。如果没有人想买这类东西，它就不会被出售，各个公司也就不会再生产它。但是真有人买这种商品，而且我们似乎对购买这些东西乐此不疲——有些时候甚至是买得越多越好。因此这些东西不断地被生产出来，给婴儿期、幼儿期、儿童期和更多的孩子使用。

·有些东西是用来装婴儿的：弹性婴儿椅；半静止的婴儿围栏，里面装着各种玩具；铃铛和哨子；为上身还挺不起来的宝宝准备的婴儿小座椅。

·有些东西是让婴儿移动的：婴儿推车；能摇动的弹性婴儿座椅；悬在橡皮筋状弹性绳子上的布质凹背折椅；装电池的电动秋千。

·还有全套的婴儿服装：精致的往往也是高价的服装和鞋子——为那些甚至不会走路的孩子准备的！——花哨的毛毯；儿童床保险杆；定制的婴儿床床单；婴儿床被单；各种用配套的布艺材料制成的枕头。

·电子玩具和用品：婴儿用显示器（只有声音的、只有视频屏幕的或者两者都有的）；里面装有模拟人类心跳声音的毛绒动物；婴儿抗菌湿巾加热器……

这些婴儿产品当中，最多的一类是那些数以万计的、只能在一岁之前使用的新生儿和婴儿用品。这包括那些被特别设计出来（反正我们是被这样告知的）以"刺激"婴儿大脑的玩具和书，其中有许多会唱歌，会发出蜂鸣声，会发出哨音或者会说话。

坦率地说，我觉得这些东西我们一个也用不上。

我相信，而且那些崇尚以更自然的方式育儿的父母也同意，我们凭直觉就知道在孩子一岁以内应该怎样和孩子玩耍。事实上，你可能已经了解了孩子们一岁以前的需要。

★那些婴儿用品有什么不好？

新生儿有特定的需要。他们需要得到养料，需要得到小心照顾，还需要与父母保持亲近。当他们从新生儿时期过渡到婴儿时间（大约4个月）的时候，随着运动肌肉功能的发展，他们的意识也会得到拓宽。

他们终于可以不用帮忙就能坐住了，学会了用手握东西。从发育角度来说，这个时候给婴儿以应有的刺激是很关键的，能让他们的大脑和身体适当地发展。身为父母，我们的任务就是靠我们的直觉来监控这种发展。

在这个阶段，生产商们的婴儿用品就开始涌入了。他们想要卖给我们这些可爱的商品，我们也花上大量时间试图让宝宝对这些东西感兴趣，这都是我们精心挑选或者是慷慨的家人和朋友赠送的。有时候宝宝们会被这些东西吸引住。他们会猛拍这些东西，对着它笑，把它放在肚子上，流着口水，或者对其中的一些东西特别偏爱。

然而，这种对于某些商品的关注并不能代替你的角色，你的存在和关注才是宝宝最喜欢的、设计最佳的东西。

正是如此。就是你，而且就是你原来的样子。不需要什么训练。直觉足矣。没有任何婴儿用品可以代替拥抱宝宝、带宝宝走路以及和宝宝的交流。你唱唱歌或者带宝宝去见识你的生活就足以让宝宝着迷：你可以带宝宝去超市，去取邮件，做饭，或者和其他孩子和大人互动。你就是孩子身边最好的存在，这毫无疑问。

现在，即使是最有奉献精神并按直觉育儿的父母也觉得自己做不到毫无间歇地整天整夜和孩子在一起。这时候婴儿用品就有用武之地了。我们希望用这些东西来让我们得到片刻休息。我们带着最美好的意愿去寻找这样的婴儿用品。当然不是把孩子完全交给这些东西来陪伴，是打算在他们玩儿这些东西的时候继续给他们以全神贯注的关心，但是一想到我们可以闲下来，可以去查查电子邮件、做做饭或者做其他我们想做的与看孩子无关的事情的时候，我们还是会无比期盼的。

然而，宝宝们会让你明白，他们需要的不是玩具，而是你。他们一般都是用以下两种方式中的其中之一来让你明白这一点：1）在觉得受到忽视或玩腻了玩具的时候，他们就会变得爱生气或者吵闹；2）在被玩具暂时吸引了注意力，对其感到着迷（有些人可能会心醉神迷来形容）之后变得安静内向。

你得到的休息可能暂时让你得到了解放，但是无论是这两种结果中的哪一种，都意味着宝宝比之前更需要你了。你的宝宝需要的是你——不是那些婴儿用品。能让宝宝与你之间建立起安全的依恋感的是一起玩——是你给宝宝的宝贵的共处时间。在宝宝小的时候，他们多数时候都需要感觉到你的存在，那些玩具和用品只会妨碍这种感觉。

★婴儿需要什么样的用品？

从本质上说给宝宝买婴儿用品没什么不对，购买婴儿用品充满乐趣，也非常有帮助。但是你没有意识到的是宝宝不需要大量的玩具来玩或来选择。摇动家里的普通用品就足以让孩子感到高兴了，还能为他们提供足够的刺激。幸运的是，在一岁之前，他们还无法长期记住那些无聊的婴儿用品。

我发现对于小宝宝而言，最好的玩具往往是那些简单而便宜的。例如，我们的儿子们喜欢茶杯、碗、汤匙、水壶、平底锅、一面很大的婴儿镜子和颜色鲜艳的细绳（只有在大人看着的时候才能玩，以避免意外窒息或吞入）。我们选择将更多的钱花在一些质量优良、耐用并且无毒的婴儿用品上，比如木质套碗、木质磨牙圈、基本简单的布书、几个玩偶和布娃娃。宝宝们最初并不需要太多的书，但是会很喜欢你从很早开始就给他们阅读的声音。

我们家没有用电池的玩具。如果我们收到这样的礼物，我们或者会把它们捐出去，或者会让电池耗尽后就不再更换。我们只是告诉儿子们："好像是电池没了！"他们会盯着我们看一秒钟，然后就接着玩儿去了。我们告诉家人和朋友我们更喜欢木质玩具，也不需要太多的婴儿玩具。

我们家里全都是木质玩具和布偶吗？根本不是。有些玩具没有木质的，而且我们的大儿子对乐高玩具和各种汽车的兴趣一点儿也不比别的孩子少。尽管有时随着生活范围的扩大，我们偶尔需要做出调整。但这种自律精神和理念对我们来说是弥足珍贵的。我们知道，我们不能、也不愿意让太多的东西进入孩子们的生活。

那些东西能给我们和孩子灌输什么样的思想？

我知道我听起来像一个专门让人扫兴的人。我不是那种人。我只是想说，父母在孩子婴幼儿时期所表现出的习惯一定会为他们将来的生活状态打下基础。

在我看来，获取大量的东西从本质上说暗示这个世界有无尽的资源，而我们的任务就是去消耗那些资源。谢尔·希尔弗斯坦所著的《爱心树》让我第一次了解到地球的资源有限，这本书所传达的思想在今天看来和30年前一样深刻。我们的星球无法承受我们再像现在这样消耗资源了，我们的孩子长大后所要生活的社会也无法承受这种浪费了。

那种类似强迫症的购买欲望会鼓励我们的孩子在长大之后按照我们的方式去消费，让他们以所拥有的物质来界定自己，而不是抛开一切外物按照他们的本来面目来看待自己。如果我们以拥有的财富、花费的钱财和能获得的东西来界定我们的身份，那么孩子们就会有样学样，会鄙视那些比他们穷的人。我们容易认为孩子们对于世界上的财富差距是极其敏感的，但是恐怕多数情况下事实并非如此。

我们让儿子们减少物欲的方法之一是不让他们看电视和看电影。这听起来可能有些奇怪或者不便。也许这对你也非常有吸引力。还是想象一下如果孩子不看电视，他们能和你多待多长时间吧！儿童用品产业的主要工具之一——如果不是唯一的工具的话——就是穿插在电视节目之中的各种产品广告，这些广告是专门针对孩子设计的。

那些看商业广告的孩子们很容易被铺天盖地的关于他们需要什么的各种意象和信息所淹没。如果你的孩子平时看电视，你就会知道他们有多渴望与他们最喜爱的电视节目和角色相关的各类东西。围绕孩子们喜欢的角色设计的服饰、书、游戏、玩具和电子产品到处都是，他们很容易就被迷住了。通过控制他们接触媒体的时间，你可以抵挡住儿童用品产业对孩子施加的压力，赢回主导权。

我对于电视和电影的零容忍是唯一有用的方法吗？绝非如此。当我的孩子长大一些之后我还能保持这个禁令吗？很明显，在几年之后，当他们有机会离开家去朋友家玩儿的时候，我对于他们做什么的控制力就会减少。但是目前来说，这个原则对于我们家来说非常管用，我真的看到了我的孩子们与众不同的物质观和世界观。我不知道他们的这种态度能持续多久，但是老实说，现在那些乱七八糟的东西没有干扰到我们的生活，这让我感到欣慰。

★限制物欲让我和孩子们得到了什么？

限制物欲的做法表现出对地球及其资源的尊重。我们有意识地选择我们需要拥有的物质，从而减少了我们给地球留下的痕迹，我们尽量减少消费的举动对地球非常有益。你可能认为你的孩子太小了，还不能关心这个问题，但是，我们越早为孩子做出对地球友善的榜样，他们就会更容易和我们一样成为致力于保护地球及其资源的人。

★限制他们对物质的渴望是一个好的开端

限制物欲有利于自我控制。当我们需要某件东西的时候，我们需要考虑很多事情：买它得花多少钱？我们对它的需求有多迫切？还有最重要的，那就是：真的有必要吗？这样想会迫使我们对于"需要"下一个更严格的定义，不仅仅把它定义成某种需要的满足，而是关于我们如何利用资源的思考。儿童从很小的时候就会区分什么是他们的，什么不是。当孩子的需求和大部分人的利益发生冲突时，如果孩子们能够表现出对自己欲望的控制力，那我们的社会和星球将会变得更美好。

限制物欲有助于让我们把更多的钱花在我们真正需要的东西上，因为我们没有因为一闪而过的欲望而乱花钱。在经济上，我们应该为我们想要的以及能给我们带来快乐的东西留出余地，但是作为父母，我们的多数花销都应该优先考虑生活必需品。当我们表现出节约的品质时，它向孩子们传达了一个信息，那就是，我们在意我们花钱买的东西，我们也重视所做出的每一个购买决定，同时还将灵活性和安全性考虑在内。

再见，婴儿用品

我们还能看到对那些婴儿用品的渴望对于我家的入侵，因为我没法在每年重要节假日前夕的几个月里把所有出现在报纸上的广告都清除掉。那些月份对于我来说相当艰难，因为我成长于一个并不富裕的家庭，我没有指着某件东西让父母给我买的习惯。

我告诉我的儿子们，我们家会对于我们要买什么做出决定，钱是应该花在那些我们真正需要和想要的东西上。当我们去玩具店的时候，我会提醒孩子们这一点，多数时候他们也能听从。

然而，当我不能给我的儿子买一切他们想要的东西的时候，我还是会感到有些悲伤，这倒不仅仅是为了孩子们的痛苦，我也为那些愿望永远不能得到满足的孩子感到悲伤。对于那些孩子来说，他们对于食物、清洁的饮用水、医药、服装和鞋子等基本生活必需品的需求从来没有得到满足。

要相信你凭直觉就知道怎样养育你的宝宝，不仅要关心他们最基本的生活需要，还要关心他们的创造力、智力和运动神经的发育。这些都不是靠那些婴儿用品实现的，它们能实现是因为你，你才是为宝宝量身定制的最佳"用品"。

婴儿不需要不必要的医疗措施介入：什么时候（什么时候不）应该求助医生

孩子的降生真是一个令人赞叹并心生敬畏的事情，让我们充满感激和惊奇，甚至让我们隐约对我们生活的世界更加乐观，觉得它变得更加美好了。一个小小的、完全依赖你的、非常脆弱的微型人忽然之间就百分之百地成了你的责任，你最不希望见到的就是有什么坏事情发生在他身上。婴儿和儿童需要依靠我们来满足他们最基本的需要：去爱他们，关心他们，保护他们免受伤害，并在他们不舒服的时候治愈他们。

下面我们就进入一个令人惊奇的世界，它就是以婴儿为对象的医疗介入。数以千计的科学家和医生们（还有广告商）知道你对孩子的珍爱超过世上的一切，他们想要让你从焦虑、恐惧、疾病或痛苦中得到解脱。

这多好啊！真是这样吗？

迈尔斯第一次从沙发上摔到我们家的硬木地板上时，我就坐在他身边，我觉得我自己是个非常糟糕的妈妈，当时我只是个9个月的新手妈妈。我开始怀疑自己还能胜任妈妈的角色吗？

那之后不久，迈尔斯第一次把嘴唇磕破了，他当时正在跑，嘴里含了一个卡祖笛，我婆婆正在看着他。我半开玩笑地觉得她是个糟糕的奶奶！我现在可以轻松地谈论这件事了，但是当我第一次看见孩子的小嘴里流着血的时候，我真是吓得魂飞魄散。我想要帮他解除一切疼痛，但是最初我也不知道该怎么做。

迈尔斯3岁半的时候，他在一个公共浴池里摔了一跤，牙磕到陶瓷坐便器上了。当我丈夫把迈尔斯柔软的、正在抽泣的身体递给我的时候，我觉得整个世界都停止了转动，一切都好像在慢动作进行。我很冷静地把4个月大的弗雷德交给了我丈夫，把迈尔斯像婴儿一样抱在怀里。我用平静而愉悦得让人害怕的嗓音让别人递给我一瓶水，用水把他牙齿和牙龈上的血洗掉，这样好分清出血点在哪里。在他哭的时候，我轻声对他耳语，紧紧地抱着他。我觉得自己出奇地冷静，因为我凭直觉第一次意识到在那一刻我是照顾他的最佳人选，他当时所需要的一切都是只有我能给予。

我总是知道怎样平静而自信地照顾受伤的孩子吗？绝对不是。直到我的二儿子出生我才知道自己有这个能力。即使是现在，我也不能总是完美地应付所有的问题。但是就像我发现自己有这个能力一样，你也可以做到。

下面是一些我们经常面对的医疗问题。

◎ 痤疮

◎ 肿块、瘀青

◎ 义膜性喉炎

◎ 头痂

◎ 耳朵痛

◎ 发烧（轻度，40℃以下）

◎ 头痛（孤立性颅内压和静脉窦压）

◎ 蚊虫叮咬（包括蜇人的昆虫）

◎ 跖疣（在迈尔斯的食指上）

◎ 泪腺堵塞/眼睛发炎（区别于传染性角膜结膜炎，即红眼病）

◎ 上呼吸道流感（鼻腔充血、流鼻涕、流眼泪、疲惫）

◎ 流鼻涕（清鼻涕）

◎ 流鼻涕（浓鼻涕，发黄或发绿）

◎ 膝盖破皮、嘴唇磕破、碎屑刺入

◎ 皮肤丘疹（不明原因，与热相关，或者胖乎乎的宝宝的腹股沟缝隙处和腋窝处的深红色皮疹）

◎ 肠胃感冒（呕吐、腹泻、嗜睡、疼痛）

◎ 腹痛

◎ 牙疼或者不适、牙龈肿胀

◎ 鹅口疮

看到上面长长的清单上列出的各种疾病、疼痛和"小意外"，如果我告诉你说我的两个孩子从来没有用过抗生素，也没住过院，你会感到震惊吗？我们在6年的时间里除了常规检查只去看过两回儿科医生，多数情况下我们都在家里给孩子提供医疗服务。

在6年中我可能用过6次乙酰氨酚（见于泰诺）。我从来没让孩子吃过异丁苯丙酸（见于布洛芬和雅维）。对于牙疼我没给过任何药，我也没用过抗生素软膏（见于新孢霉素）、抗组胺剂、咳嗽药水或类固醇霜（见于苯海拉明或可的松）。

我说这些不是向你夸耀我有多能耐，我也和别人一样是个舐犊情深、紧张兮兮的妈妈。我说这些是因为你利用直觉就能做到理解并治愈受伤的孩子，学会帮助孩子解决小病小痛还能帮你节省金钱、时间和精力，也许是用橱柜里的常见物品，也许是用你的聪明才智，也许是用你的心和你的臂弯。

疾病历史

在人类的历史上，人们总是会生病和死亡。婴儿会生病和死亡。人们曾经因某些疾病而痛苦，现在那些疾病用一颗药丸就能解决。有些本来非常健康和强壮的成年人因为某种疾病夭折，而这种疾病只需要注意勤洗手和注意少接触感冒咳嗽的人就可以预防。医药能够保护我们、治愈我们和教育我们，这是它对我们的生活质量（和生命长度）做出了巨大贡献。

我对于那些冒着生命危险从事医学研究，把他们的时间和精力都贡献给医药科学的人们心怀感激。

尽管如此，在整个人类历史上，除了西方传统医学之外，人们曾经利用过各种医疗方法来治疗疾病。这些方法被笼统地称为民间医药。或者这么说，如果你的家庭来自另一个国家，你可能会记得"老祖母给你用的、奇奇怪怪的东西"。在几千年的历史上，来源于大自然而且相当常见的食物、草药和疗法具有惊人的治愈力和保护力。我不会宣称（我觉得别人也不会这么说）单凭民间医药或者整体疗法就能治好任何疾病。但是让我们暂时认为传统的西方医学不是唯一有效的治疗方法，当然这在很大程度上取决于你得的是什么病。（关于儿童的慢性病我还是留给医学专

家去谈吧，相关资源在其他地方随处可以找到）

当你听到许多相信整体医学的人认为疾病都有其发病原因的时候，你可能会感到吃惊，甚至是震惊。有着几千年历史的中医认为疾病和疼痛是你的身体、情感或精神出现不平衡的表现，说明你的身体需要调养。无论是病毒（将你的身体作为宿主的入侵者），还是细菌（一种侵入你的身体的能够繁殖的生物），或是各种造成疼痛和不适的病情，你的身体都有自愈的能力，宝宝的身体也有这个能力。

当你有了新宝宝的时候，孩子一感到不舒服，你就马上就会感受到强烈的恐慌。特别是作为新妈妈，我们女性荷尔蒙让我们本能地知道孩子有什么地方不对劲儿。有过这种经历的父母可能无法解释这个现象，但是他们经常会说他们的孩子"看起来不对劲儿"，甚至是在孩子刚刚出生几小时的时候，他们也会做出这种判断。这是人类进化几十万年的结果，是你能亲眼见证的奇迹。

警觉和压力产生的激素作用于我们复杂的大脑，使我们理解孩子的非语言暗示、肢体语言和"语气"，即使他们还不能坐起来。

然而，你凭直觉可以感受得到，多数医生和护士还有家人朋友都会告诉你的是，一个感觉不适的孩子本可以不必受罪的。西方医药的宗旨就是让我们能睡得着，孩子生病时也一样。如果他们在咳嗽，其实是有办法应付的。如果他们在流鼻涕，其实也可以让他们不流。如果他们的脸烧得通红，我们就帮他们退烧！如果他们拉不出来，就给他们吃点什么让他们排便。只要想象一下孩子咳嗽、流鼻涕、发烧和便秘就足以让你跑出去买上一大堆药，把它们堆满装药的柜子了。但是先别急，接着往下读。

◆ **你是不是过于担心自己的宝宝?** ◆

　　妈妈对孩子健康的忧虑是常见的，也是自然的。有充足的证据表明这类忧虑是受到激素控制的——换句话说，就像你的激素会促使你对孩子依恋并让你有能力哺乳一样，它们也能引发旨在保护宝宝的一些行为和关注。

　　但是有些妇女发现她们的担心过于明显，有时候非常强烈，特别是在产后的几个月内更是如此。如果你不确定你的感觉是否正常，医生或助产士就可以帮助你评估这些感觉是不是在人们预期的正常范围之内。

亲密育儿和你的"病"宝宝

　　在这里，我应该解释一下我们这个家庭信念中一个重要的方面，那就是，对于那些不严重的状况，医疗介入越少越好。我们确信，疼痛是因为哪里出了毛病，但是我们身为父母的任务不是仅仅让孩子不疼，而是要教导他们说，我们不是刀枪不入长生不老的生物，疼痛是很正常的经历。

　　相反，我们会体验到身体的痛觉，那表明我们需要关注这个问题，通常需要休息和安慰，但是世上根本没有，也不应该有某种"包治百病的药片"。有些人可能会说，教小孩子每次哪里疼痛就去够装药的柜子会让他们建立起对化学品的依赖，甚至成瘾，但是我不会说得那么严重，我们要表达的意思是这样。

　　我认为养育孩子的任务之一就是发现孩子不舒服，需要关心、照顾和治疗，但是通常让他们感到好受一些的方法是拥抱和抚慰。一个感到疼痛的孩子其实是在和你交流，他们说的其实是他们需要你的帮助。有时候帮助可能来自奶瓶或药片，但有时候却是只需要你的怀抱。

我很清楚地记得我小时候因为生病从学校请假回家的事。一般来说都是因为得了流感，我不得不待在家里，由我妈妈悉心照料，因为她是我父母两人当中工作时间稍微灵活一些的人（我爸爸是个初中老师，而我妈妈在一家幼儿园工作）。我记得她会让我从床上坐起来，靠在枕头上，旁边放着书和玩具，她会给我吃一大堆西药，还有她最喜欢的疗病小零食：白米饭、姜汁汽水和巧克力（别问我为什么，巧克力就是让我觉得更舒服，可以了吧）。她会掖上被子让我睡上一觉，等我醒了的时候，我想做的第一件事就是向她喊："我起来了，妈妈！"我希望她能在我身边。我希望她摸我的额头，亲吻我，给我读故事，陪我坐着。我知道她给我吃药会让我睡觉，这能让她争取到一些时间去准备我好些之后她需要做的事，但是我也知道当我难受的时候有她陪在身边感觉就是好。

你的宝宝会更强烈地感受到这种需要，尽管他们不会对你喊："我起来了，妈妈！"宝宝们做的通常是吵闹、哭泣、尖叫着动来动去。他们拒绝听话地躺在摇篮或者儿童床里，父母们有时会抱怨："她就是想让我抱她！她不知道我还有事儿要做吗？"

其实，她知道，她也不知道。难受的孩子知道什么会让他们感觉舒服。猜猜看？那就是你。当他们恶心、呕吐、发烧和疼痛的时候，活动会让他们感觉舒服些。拥抱也让他们觉得舒服。促进睡眠的药物能让父母得到片刻空闲，但是它们不能满足孩子当前的需要，他们希望你用你的触摸、关心和爱来治愈他们。

人们经常会声称他们的宝宝如果得不到休息就不能好起来，这就是他们让孩子吃西药的原因。确实，西药能让孩子在因疼痛而无法入眠的情况下得到休息。但是谁说孩子生病的时候需要的睡眠量和没病的时候一样多？谁设定的那些标准？我发现，我抱着生病的宝宝走来走去的那几小时是我能真正了解他们需要的时间，对他们的理解比他们健康的时候更深刻。当他们生病的时候，他们说的是另一种语言，学习这种语言是我义不容辞的责任。因为我的孩子说话比较晚，这意味着我得在孩子能用言语表达他们的疼痛之前无数次地应对他们的病痛。在陪着他们在我的怀抱和膝上战胜病魔的过程中，我对于他们的沟通方式有了更深的了解，让我更加明白，自己在任何情况下都是他们的最佳照料者。

现在，我绝对不是在说可以忽视医疗的作用。如果你觉得问题严重，必须寻求医生的帮助，那么你就应该立即带孩子去看医生。此外，如果孩子有某些宿疾、病史或者过敏史，就应该对他们实施密切监控。然而，我经常看到本来很健康的孩子被要求服用止痛药、消炎药、可的松软膏、蚊虫叮咬乳液、抗组胺药物和喷鼻剂，而实际上冰袋、休息，甚至是暂时的饮食调节和暖暖的拥抱就可能在更短的时间内让他们痊愈。

三种医疗需要

我们需要理解三个种类的医疗需要：我们家人称之为"轻伤"的小毛病、病毒和细菌感染。

★ "轻伤"
很多让婴儿和幼童感到不舒服的东西都可以归到这个类别当

中，在我们家这被称为"轻伤"。这个称谓不是为了故意贬低孩子经历的疼痛，它只是能帮助我们弄清楚疼痛的程度，这样我们才能更好地治疗它。下面的病痛都属于这个种类：婴儿痤疮、婴儿头痂、肿块、瘀青、头痛（孤立性颅内压和静脉窦压）、蚊虫叮咬（包括蜇人的昆虫）、膝盖破皮、嘴唇磕破、碎屑刺入、皮肤丘疹（不明原因，与热相关，或者是皮肤的缝隙处的皮疹）、腹痛、牙痛或牙不舒服、牙龈肿胀和鹅口疮。

我们经常会和孩子说他"胳膊上有个小轻伤"或者"膝盖上有个小轻伤"，而不是让他们知道"擦伤"的概念，免得他们有不必要的负担。我们想要表达的是，有时候某个地方会疼痛，没有药物能让他们立即止痛。我们有意识地去寻找和利用治疗方法，即使我们选择不给孩子吃药。治疗和药物之间的区别是，治疗寻求缓解疼痛感，而药物试图让你停止疼痛。我们经常用的治疗方法包括：敷冰、按摩、植物精油、非药物家用物品，比如食用苏打、醋、过氧化氢、玉米淀粉、洋葱和大蒜、提取自植物的非药物乳膏和乳液、有一定治疗效果的食物和茶叶。

许多相信整体医学的家庭利用顺势疗法、颅骶疗法、整骨疗法和推拿疗法等方法给孩子治疗，从新生儿时期一直到儿童时期乃至成人时期。这些整体医疗方法的应用范畴已经有许多相关文件和研究，但是这不是我们这章要讨论的范畴。

★病毒

病毒是你身体的一个侵略者，一般生活在你的体内，你却无法看到。病毒自己有能力复制它们的基因信息，但是它们需要将你的身体作为宿主，以获取资源存活下去。一旦你的身体不再容纳它们，它们的狂欢就结束了，病毒就会离开会死去。病毒的一些例子包括普通的感冒、流感、跖疣、疱疹（会以感冒疹的形式出现在你身体外部），以及大约70%的耳部感染。下面的疾患很可能是病毒引起的：肠胃感冒和上呼吸道流感、流鼻涕、泪腺堵塞、眼睛发炎、咳嗽或义膜性喉炎、耳朵疼和发烧。

病毒不会因任何药物或治疗而得到改善——唯一的选择是让它们活过它们的生命周期之后死去。抗生素不能杀死病毒。不过，病毒能让你感到疼痛，因此有些人利用药物来减少因病毒的表现而引起的疼痛和不适，例如发烧、流鼻涕、腹泻或感冒引起的疼痛。从原则上来说用药物来治疗这些症状也不算错。然而，传统的西医治疗有两个主要问题。第一，他们容易去用非常厉害的化学药物治疗婴儿。第二个问题是，他们治疗病症的时候很少去考虑导致这些症状的真正原因。

关于第一个问题，所有的西药——是所有的西药——都是由肝脏处理的。在本地超市货架上的所有药物都是如此，对于成人来说也是一样。布洛芬用多了会得溃疡，虽然发病率不高，但是这是真的。每个人的肝脏对于化学物质的处理方式是不一样的，婴儿的肝脏太小了，无法承受这些化学物质。

关于西药的第二个问题，婴儿出现的"问题"实际上是由某个因素引发的，找到它才能解决问题。后面要针对症状来治疗，往往无法从根本上解决问题。

人们会去退烧，会让鼻子不再流鼻涕，会去止泻。在所有这些例子中，这些症状其实都是身体抵抗病毒的表现，而传统的西药可能会干扰身体净化病毒的机制。让我们以发烧为例。当身体变热的时候有些病毒死得最快，因为它们没法在热的环境下成功繁殖了。发烧的真相是：你的身体凭直觉最有效地杀死入侵之敌。退烧能让身体从发热的难受中得到缓解，但是也能让病毒存活更长时间，活到它的生存周期结束，导致它的生存周期延长了。人们之所以流鼻涕是因为想把病毒被黏液冲走，只有当黏液离开身体时，才能把病毒也带出去。使用抗组胺药物能够帮助释放使黏液变干的激素，从而延长病毒留在你体内的时间。至于腹泻，确实，一个小孩子腹泻是一个特别让人难受的事情。但是，那些稀便便需要从你的身体里出去，这样你才能痊愈。制止腹泻的药物可能会让病菌在你体内待的时间更长。

★ 细菌

细菌是活性的东西，愿意住在我们的身体里。和需要将你的身体作为宿主的病毒不同，细菌不需要你才能存活，它们只是喜欢你。数以百万计的细菌一直生活在我们的身体里，比如在我们的肠道内膜里，帮助我们进行消化（大肠杆菌，简写为E.coli），还有些生活在我们的阴道里（乳酸杆菌）。细菌非常顽强，它们有数百万年的进化史，很难清除。

细菌可以导致胃痛、发烧和内脏钝痛，这取决于它们所袭击的身体部位。

抗生素是能够杀死细菌的药物，但是它们一般没有选择性，会杀掉所到之处的大多数细菌。知道我们在吃抗生素的时候为什么容易感染念珠菌吗？那是因为抗生素去除了你身体所有地方的细菌，包括你阴道里的细菌，这样就让太多的念珠菌得以繁殖！抗生素和所有的药物一样，都需要由肝脏来分解。

抗生素要按医生的指导全程服用，原因如下：每次你吃抗生素时，弱小的细菌就会先死亡，留下更强壮顽固的细菌，感觉它们取得了胜利。然后你再吃一个剂量的抗生素，在第一轮中幸存下来的第二批细菌就死了，剩下那些非常强壮的细菌对你反抗地挥着它们的小拳头。这种模式会持续10天，直到（从数据上说）它们最终都死了，你才能得到安宁。然而，如果你在这10天中的任意一天停药，就可能允许那些更强壮的细菌继续存在，让细菌繁殖再继续一天。这意味着什么呢？这意味着它们会将非常强大的、耐药性强的细菌基因传递到它们的后代身上去，从而繁殖出更加顽强的细菌，如此这般。有时候父母会要求医生开抗生素来治疗耳部感染（其中70%是由病毒引起的），医生们虽然知道抗生素根本没用，但是还是在家长的压力之下开了这个药。每次抗生素被用来治疗非细菌性感染的时候，它们就会引起用体内本来正常的细菌无端地进行生存斗争。这就导致使新一代耐药性更强的细菌存活下来。正是因为对抗生素的不正确使用和不当处方，才会出现对抗生素有抗药性的细菌变种。也正是因为这个原因，像耐甲氧西林金黄色葡萄球菌感染这样的疾病才会出现。可怕吧？

　　有时候抗生素是必要的，也很有用，可以挽救生命。然而，有些细菌感染，比如鼻窦感染，可以不用抗生素就能杀死它们，可以很快并且高效地得到解决。对于那些不需要使用抗生素的小问题，我们越少使用抗生素越好。这对我们宝宝的身体有益，对于我们这个星球的未来也有好处。我们希望抗生素能在绝对必要的时候才使用，我们不需要自己成为繁殖抗药细菌的罪魁祸首。

★疫苗接种

疫苗是一个非常热门的话题，任何一本育儿书中都会涉及。这本书不打算彻底讨论疫苗的优点和缺点、疫苗替代品的目录和疫苗背后涉及的故事，但是值得指出的是，每个家庭都会做出符合他们生活方式和容忍限度的各种决定：接种疫苗、不接种疫苗、每次注射都亲自挑选疫苗、只打那些预防难以治疗的疾病的疫苗，或者去选择那些生产无防腐剂和化学添加剂的疫苗的公司。

既然你对病毒和细菌有了一定的了解，你可能知道两岁以下儿童注射的疫苗都是在预防哪些疾病的。预防病毒的疫苗包括水痘、麻疹、腮腺炎、风疹、脊髓灰质炎、甲肝（密切接触）、乙肝（通过体液传播：性、血液和静脉吸毒）、流感（包括H1N1）、轮状病毒、乳头瘤病毒/生殖器疣（人类乳头状瘤病毒）。预防肺炎、百日咳和脑膜炎的疫苗是用来对抗细菌的，破伤风疫苗和白喉疫苗实际上是要保护人体免受已经出现的某种细菌所释放毒素的侵害。

在了解到相关情况后，每个人可以根据自己家的实际情况去决定给不给孩子注射疫苗，这是一个非常私人的决定，只有在那些想了解自己孩子健康的人们做过充分研究的前提下才可以做出，无论他们的医学知识和教育程度如何。

无论你为你的家人做出什么样的决定，相关资源很容易找到，而且容易理解、毫无偏见，又很直接。在本章末尾我也总结了一些其他选择，仅供参考。

利用你的直觉获得治愈的能力

其实，你家里和你心里已有的一切就足以让你应对孩子会经历的多数病痛和小问题。你已经有了可以给婴儿洗澡的东西并且让他们在小的时候保持干净，就不需要再买任何一个漂亮的、为宝宝专门定制的洗发水、香皂、乳液、药水或洗衣粉。就像你知道怎样凭直觉带孩子一样，你也知道应该怎样凭直觉照顾生病的孩子。

有一句话你应该记住：如果你觉得孩子哪儿不对劲儿，一定要相信这种直觉。我经常听到有人提出让当父母的"离开孩子"一晚，或者"出去赴个约"，可他们的孩子还很小。提出这种建议的人认为："如果你现在不这么做，孩子就会习以为常……"然后怎么样？我总是感到疑惑。你们就再也没法出去了？你们的孩子就会用婴儿的小铁拳来治你们两个？不！如果父母凭直觉感到孩子还没有准备好分离，那就表示这种亲子关系还没有准备好，而不是像一般人认为的那样，是妈妈离不开宝宝而不是宝宝离不开妈妈。

同样道理，要听从自己的直觉，它能在你的婴儿和小孩子做越来越多冒险时保护他们。如果你的孩子正在尝试一个有些危险因素的新任务，而你觉得心里不太舒服，怕孩子太小还不能玩这样的游戏，那就待在他身边保护他，如果必要的话就安排点儿别的活动，引开孩子的注意力。我不是在建议你制止孩子的探索欲望，没有人愿意总是像老母鸡似的看着孩子，制止孩子每一次独立的新尝试。

相反，我是在温柔地提醒你，你是宝宝最好的看护者，你比任何人都更了解你的孩子。如果你感到你的孩子还不适合做某个活动，也许你是对的。

如果你的孩子在另一个房间里睡觉，而你觉得有什么不对劲，那就去看看孩子。如果你感觉孩子有某种危险，那就到孩子旁边去。经常陪着孩子的妈妈和爸爸都有一种对于孩子状况的直觉，即使距离很远也能知道孩子好不好。这不是什么神神道道的事儿，按照直觉行动是好事情，这可不是过度保护。

我的另一个建议是：如果你的孩子受伤了，请小心你的措辞。当我们的孩子受伤时，我们会有非常不舒服的感觉：我们不想让他们受苦，我们认为他们有时候太夸张了，我们觉得他们应该更振作等。发出嘘声让孩子不哭，或者说这样的话："你没事儿的"，"别哭了"，"大孩子不许哭"，"有什么可哭的"……这等于是在向孩子发出这样的信息：在不舒服的时候表达这种痛苦会让父母感到不快。当然，从客观上说，他们可能真的没事儿，但是一个摔倒了或者伤到自己的孩子有时候是被吓或者被惊哭的，在他们看来，他们并不是"没事儿"。哭泣或希望被搂抱对于男孩女孩来说都是适当的。无论男孩还是女孩，家长都应该鼓励他们表达出疼痛和不舒适，我们不应该告诉他们该怎么感觉或怎么应对，这种鼓励也不会让他们变得软弱或者"娘娘腔"。难道我们不希望孩子能理解并关心他人吗？那就开始试着这么做吧，让他们表达出他们的伤痛，不要去加以判断，也不要错误地让他们转移注意力。

我们发现，让孩子说出感觉可以让他们很快平静下来，还能让他们真正理解疼痛和小伤。例如，当我们的孩子摔倒后，虽然没有受伤但眼泪却流了出来时，我们会问："是疼了还是吓到了，还是两者都有？"

即使一个小孩子也能回答这个问题，而且根据我们的经验，这立即就能让他们平静下来。我们也会温柔地肯定他们的感觉："哇，那一定很疼！"或者，更好的办法是让他们自己先做出反应。有时候，大人对于摔跤的反应常常比孩子还严重，可能是为了掩盖我们自己的害怕。倒吸一口气，喊着："哦，我的天哪！"不让孩子自己去体验摔跤的经历，突然就冲到摔倒的孩子身边，这会让孩子更难过。先观察，再行动，没错的。

有一次，我替一个朋友在公园看孩子，她要出去办事。他要玩秋千，我来推他，当我把他推高的时候（是的，我们想就像火箭船那样），他咯咯大笑，可是突然他的小身体就像一个布娃娃一样被甩到了空中，脸朝下摔在了沙地上。摔得很重。当时，我的心都停止跳动了，我想象着对我满怀信任的好朋友发现她的孩子受了伤、在我怀里大哭——更糟的是——在医院里大哭的样子。我本能地像对自己孩子那样照顾着他，检查他的四肢，给他喝水，抱着他，让他哭，说出他的感觉。神奇的是，在吐了几口沙子、擦了几回满是沙子的鼻涕、又抱了他一会儿之后，他又准备去玩儿了，而我还没从惊吓中回过神来！我用在自己孩子身上的原则对这个孩子也有效。他觉得被聆听、被拥抱的感觉很好，而在确认没有严重受伤的前提下，这是最适合的做法。而且，是的，那位朋友仍然是我的朋友。我松了一口气！

回顾我家的医疗需要

让我们最后一次回顾一下我们家在过去的6年中遇到过的病痛清单，我会更详细地描述它们的病因以及我们觉得最有效的治疗方法。

婴儿痤疮：正常。什么也不用做。甚至不用在婴儿娇嫩的皮肤上用香皂。水是他们唯一需要的，因为这是他们娇嫩的皮肤正在适应从在羊水中生活到在露天生活的转变。

头痂：正常，这只是一个美观的问题，不是医学问题。是由宝宝头皮上的腺管堵塞造成的。用杏仁油或者荷荷芭油（什么油都行，真的）和一个小小的婴儿木梳就能使鳞片松动，然后再轻轻地刮去。有时候也许需要用一点儿洗发露才能把油彻底从头发上洗去，还需要时不时地重复这种方法。宝宝可能会对他们食谱中的某些食物或者你的母乳过敏，这可能会造成头痂的形成。

肿块、瘀青：正常。拥抱和紧紧搂着就很管用，用冰袋敷一下也行。我们有一个小狗形状的冰袋，它让冰敷变得非常愉快，也有效地转移了孩子的注意力。即使是现在，我的头脑中也常浮现疯狂的迈尔斯在摔倒之后在家里到处跑并且用他的最高音量尖叫"我要小狗冰袋"的样子。

咳嗽、义膜性喉炎：病毒引起的咳嗽，可能会持续好几周，没有必要太担心，特别是孩子表现得活泼、积极并且吃奶、吃饭或喝水都正常，而且胸部也没有杂音的时候。这只是有些病毒离开的方式——不需要用药。义膜性喉炎会造成一种非常让人烦恼的、像海豹发出的声音那样的刺耳叫声，你简直无法忍受它是从你小宝宝的喉咙里发出来的。义膜性喉炎会自行消失，通常会转变成重感冒的样子。含盐的空气（如果可以的话，沿着海边开开车或者花点儿时间待在海水附近）对义膜性喉炎有益。

耳朵疼：就像我提过的那样，大约70%的耳痛不是细菌性的，因此不需要抗生素。它们需要的是休息和减轻不适感。我们建议往耳朵里滴大蒜汁或乳汁，还可以用适当剂量的稀释过氧化氢。

发烧：发烧有时候和细菌感染有关，但是一般是病毒性的，可以单独出现，也可能和出牙有关（即使你看不出来正在出牙），或者是和流感一起出现。发烧是为了杀死病毒，所以开始可以用一些非医学的治疗方法，比如洗个温水澡（我们的儿子从来不喜欢这个）、冷毛巾、少穿衣服，还要随时监控孩子的精神状态。有些人能忍受看孩子发高烧，但是你得确定自己能接受的限度。我们极其痛苦和害怕地发现我们的小儿子发低烧都可能会引起癫痫，但是在我们的儿科医生的密切指导下，我们成功地控制了他发烧的问题，而且并未使用药物。

头痛：根据我的经验，头痛通常和感冒及流感有关，我们用冷毛巾冷敷，用薰衣草油浸到或涂到太阳穴上。在温水浴盆里滴上几滴薰衣草油，也能起到镇静和减轻头痛的作用。

蚊虫叮咬（包括蜇人的昆虫）：茶树精油和薰衣草油具有消炎的特性。母乳也能缓解咬伤和蜇伤。

泪腺堵塞、眼睛发炎（区别于传染性角膜结膜炎，即红眼病）：以我们的经验，经常轻柔地按摩宝宝的泪腺（向鼻梁方向）或每次喂奶的时候向宝宝眼睛里洒或滴乳汁能很快解决这个问题。

上呼吸道流感（鼻腔充血、流鼻涕、流眼泪、疲惫）：在淋浴盆里滴几滴桉树油，再用热水不停地冲，蒸汽就会布满浴室，使鼻腔充血缓解，用麻布袋或布手绢包上切开的洋葱，放在孩子的枕头旁边，就能让鼻黏液流出来（这样就会把细菌带出来），好好休息，多喝水对整体康复有好处。

流鼻涕：参见上一条。

膝盖破皮、嘴唇磕破、碎屑刺入：膝盖破皮用冰敷，亲吻和一种非处方药膏（我们喜欢用金盏花药膏）。嘴唇磕破用冰敷——几天之内不要吃咸的或酸的食物。不管你信不信，碎屑刺入往往会不治而愈。

皮肤丘疹：对于普通的丘疹，通风比任何药膏都有效，大量的乳汁也能起到类似效果，特别是对于胖婴儿的腹股沟和腋窝皱褶里的丘疹非常有效。对于尿布疹，把尿布拿开几小时，你就会发现通风的妙用。

肠胃感冒：这个病就是要等待最糟糕的时候过去，避免给孩子吃不易消化的食物（例如蛋白质、肉类和乳制品），最好吃柔软的食物，比如香蕉、米饭、苹果酱和吐司面包。多喝水，但是如果一汤匙水也会让你的孩子大吐不止，千万不要崩溃。我是这样决定的：我不会让孩子吐到厕所里。尽管我知道这样更容易收拾，但是对于孩子来说很难受。我有两个替代方法：1）在浴盆里让孩子坐在我的大腿上。2）拿一个小桶，把一堆旧毛巾放在他们身边，这样如果他们吐的话，我就可以有地方让他们吐，又不用为了冲到浴室去让他们的身体摇来晃去的。我真的觉得这样能增加他们的尊严感，使他们在呕吐的时候不觉得自己是个负担。只不过是要洗洗衣服，那没什么大不了的，所以请你考虑一下这个方法！要了解真正的脱水症状（嘴唇发干、虚弱和没反应），并且在孩子身边好随时观察他们。

腹痛：老式的热水瓶能见奇效，柑橘凉茶和柑橘精华茶也很有效。

牙疼或者不适、牙龈肿胀：这个不太好治。有些人非常信赖用顺势疗法应对出牙时的不适，但是我们发现最好的疗法是喂奶，喂奶，还是喂奶。木质磨牙圈（当宝宝足够大，可以吮吸它们的时候）也有用。有些孩子喜欢碎冰块，我们的孩子从来不喜欢。

鹅口疮： 如果孩子得了鹅口疮，不要给他用抗真菌的药膏。醋和小苏打能破坏念珠菌的最佳生存环境中的酸碱值，可以把它们搽在孩子的腮帮子里。可以买到粉末状的益生菌（非乳制品也有），可以把它涂到宝宝的腮帮子里。

总结

为了长远打算，与孩子形成亲密依恋关系的育儿方式远远不止给孩子换尿片，喂他们，适应缺乏睡眠这些事那么简单。其中包含了你对于孩子的身体功能和需要的彻底认知，还包括了解他们在生病和健康时的身体状态。前面提到过，西药不是总能在短期内让生活变得更容易，这也不是要么全用要么不用的事。你可以选择去独立地看待每次疾病和健康上的小问题，然后看看哪种方法对你的家庭有用。要记住，幸运的是，我们遇到的多数问题都不是致命的，让孩子知道他们的身体既是脆弱的又是容易复原的，这是非常精彩的一课。

没有人想让自己的孩子受罪，但是我们也要注意，不要让孩子每次觉得有问题的时候，无论是身体问题还是情绪问题，都拿药片来解决问题。就像我一直寻求在孩子没有准备好之前保护他们，让他们免受残酷的现实世界打击一样，对他们的身体也是如此，我希望他们确切地知道自己的感觉，知道怎样能让自己更舒服，知道怎样让别人了解他们的需要。

几年前，当流感的一个变种H1N1到我家附近的时候，我的儿子一个1岁一个4岁，我们家被很可能是H1N1的流感侵袭了。迈尔斯、我丈夫和我都得了流感，但是小宝宝幸免了。可怜的迈尔斯连着3天大部分时间都在呕吐，发高烧，虚弱得站不起来。我就在沙发上彻夜不眠地守着他，就好像他还是4年前在新生儿重症监护室的那个新生儿一样。

我一会流眼泪，一会呕吐，一会淌汗，既感到疲惫不堪，又强烈地意识到孩子健康是个多么幸福的事。对于世界上任何一个地方抱着病儿的父母，我都能感同身受，无论他们得病的原因是什么。我很感激我生活在一个可以得到医疗救治的地方，有干净的饮用水可以给我儿子喝。

孩子们可能会因为很多不同的原因而生病，父母想让孩子免于疼痛的愿望是一致的。我恳求你认真地考虑你的职责：不仅要用西医能提供的方式去保护那个依赖你的小孩子，还要用你的直觉去保护他，因为你是细心的、充满爱心而且非常足智多谋的父母。

宝宝不需要压力：
孩子就是孩子

想象一下你一岁大的孩子在一个荒岛上和一些其他一岁大的孩子在一起。不用过于忧心，这个小游戏不涉及遗弃什么的。我不会把他们永远留在那里，只是暂时想象一下而已。

我会这样猜想，如果在他们抵达岛屿的时候没有带叉子的话，一个普通的一岁大孩子在荒岛上不会想着去发明叉子，他们会开心地用手吃饭，一样能茁壮成长，当然就不能考虑吃相了。如果你递给荒岛宝宝某个他们平时拿不到手的东西，他们可能不会说出"谢谢"，也不会用任何方式表达出对你的善意感谢；他们会把东西拿走，然后继续高兴地去疯玩。

在荒岛上，如果另一个孩子有一件其他孩子想玩儿的东西，我想都不用想就可以向你保证，孩子们一定会走到那个孩子面前，用手去把东西抢过来，为了获得和拥有那个东西，必要的话他们还会使用武力。如果一个孩子比别的孩子小，或者看起来更加腼腆或弱小，这种情况就会更加明显。

再想象一下，这个荒岛没有电视，没有影碟机，没有光碟，没有书，没有弹簧椅（这是一种婴儿椅，周围有各种各样的铃铛和哨子，上面通常有字母和数字），没有钢笔、铅笔或蜡笔，没有识字卡。没有了成人的监管，在这个环境下孩子能学会感受情感和表达自己吗？是的。他们能学会读书、写字、算算术，达到我们这个社会对于学习的基本要求吗？如果没有指导或传授的话，不能。

那么我想说什么呢？这个荒岛场景为我们呈现了各种各样的困惑。在没有大人在身边的情况下，儿童似乎没有明显的礼貌或礼仪观念（比如会用手吃饭而不是去设计一个餐具，当别人帮忙的时候不说"谢谢"，诸如此类），他们对于想要的东西会不择手段地获得，似乎并不关心别人的感受，也没有分享的概念。他们能学会基本的情感，但是却无法学习。

这样可以吗？

我们凭直觉希望自己的孩子在社交上和文化上都做得很好，这导致了对于礼貌（各种形式的）、分享（也是各种形式的）和学习成绩的重视。孩子需要我们来帮他们学习事物，引导他们发展，让他们了解我们的经验从而形成自己的体验，这是毋庸置疑的。然而，它导致了被视为主流的育儿文化，这种文化常常无形地给孩子施加压力，让他们成为懂礼貌、会分享而且学习成绩优异的孩子。

现在，我知道你一定在想："谁不想让自己的孩子有礼貌、会分享而且学习成绩优异啊？"我会这样简单地回答你："我们都想。"但是我想说，在我们已经习惯了的、充满压力的环境里，只能培养出顺从和偏颇的个性，孩子们并不能完全理解我们希望他们珍视的那些道德观和价值观。我们太重视结果了（一个"善解人意的有礼貌的"孩子，一个"懂得分享的人"，一个"神童"），以至于忽略了孩子们愿望的真正本质。孩子们那么做是有原因的。我们需要那么早就给他们施加那么大压力，让他们成为我们希望的样子吗？这是唯一能确保他们将来会成为礼貌、慷慨和无私的人的途径吗？只有这样你才能在他16岁的时候告诉你的朋友他考上了常青藤名校吗？你希望你的孩子是这样吗？

你猜对了：不是，不是，不是的。

但是就像我们在育儿的其他方面所看到的那样，当你从亲密育儿法的角度出发，用直觉去看待礼貌和学习成绩优秀这件事的时候，你会吃惊地发现，很多方法都能帮你培养出一个礼貌、聪明并乐于分享的孩子。

鼓励与压力

鼓励与压力之间的区别有时候并不明显。孩子们当然应该被鼓励不能对佩尔奶奶说这样的话："你的味道像烂玫瑰似的，让我恶心得想吐。"这一点是不言自明的。但是我们有必要坚持并强迫小孩子总是说"请"和"谢谢"吗？出于同样的心态，我们想让自己的孩子表现出慷慨无私，和别的小孩一起好好玩儿，但是孩子宣称（希望是用温柔的强调）他不想和别的小孩分享他正在享用的玩具，这有什么错吗？

因为拿不到玩具大发一通脾气就能保证你会得到玩具了？那是什么样的经验啊？最后，我们都知道，为了让孩子获得成就感和满足感，我们需要鼓励他们取得学业上的成功，并掌握那些对他们的未来发展和目标有益的特定技能。但是，我们是从哪儿得到的观念，认为他们应该尽早学习字母、数字以及辨别颜色？我想要说下面的话：他们能做到，并不意味着他们应该做到。每个文化都界定了所谓"合适的"的生活方式和行为。比如，想象一下那些很早就学会熟练地用筷子吃米饭的孩子和埃塞俄比亚那些用手抓饭吃的孩子的区别。或者想想孩子们玩的是哪些不同的玩具呢？在北非国家厄立特里亚，孩子们最常见的消遣是玩旧轮胎、放风筝和弹子游戏，而在全世界多数大城市的富裕郊区里，你会发现孩子们是在炫目的手机上玩视频游戏，或者在他们自己的笔记本电脑上花好几小时浏览"脸书"网站。想想同一个国家的人的差异，比如来自美国南部的人们与住在加州比弗利山的人们相比，他们的行为方式、生活习惯和处事标准有很大不同！

西方文化非常重视礼貌和待人接物的礼仪。西方以及大多数发达国家的育儿文化相当重视孩子们的"分享"（尽管许多大人和政治机构在这方面也有待改善）。此外，在我们的社会里和世界上许多地方，以考试为衡量标准的对于学习成绩的过高期待和揠苗助长现象非常普遍。

为了让我们的孩子以健康和有机的方式成长，我们应该去了解孩子们的需求和他们的愿望，而不是去发掘他们受到训练和施压后能做到什么。

礼貌

我是一个有礼貌的孩子。我父母是那种20世纪四五十年代的旧式父母，因此我是那种管朋友的父母叫"某某先生"和"某某太太"的孩子。我不觉得自己是那种让人讨厌，时不时给别人一个吻，表情谄媚的孩子，但是我清楚地记得别人给我的帮助并且非常感激，然后将这种感激表达给了家人和其他人。但我并不记得曾经被告知要有礼貌。我有一些朋友，他们的父母总是在他们收到礼物、搭乘别人的车或者得到一杯水的时候在他们的头顶嘀咕"说谢谢"、"说请"或者也许是这个最复杂的"说对不起。好好说！"。有时候这些父母会在孩子的耳边轻声说出这些指令，就好像没人看见他们在旁边发号施令似的，但是其实他们的声音往往有点儿大，谁都能听着。

有一次，我和儿子们在公园里玩，一个我们不认识的3岁男孩在玩儿我们的沙滩玩具，那是一个小小的城堡形状的塑料块。（我给孩子们定的规矩之一是只要带到公园的玩具都得让所有孩子玩儿，如果太喜欢不想让别人玩儿的玩具就不许带出去）当这个男孩要回家了的时候，他妈妈——她给我的印象是一个对她儿子的所有行为都密切关注的女人——提醒他把城堡还回来，他这么做了，在离我足有1米多远的地方把它扔给我。塑料城堡轻轻地落在了我的脚边。我笑了，因为他的乖顺和3岁孩子扔东西不准的可爱样子，但我心里也在笑，因为我猜他的妈妈可能没想到他会用这种方式来归还玩具。

我猜得很对。她看起来非常失望，对他严厉地说："说对不起！"他模糊不清地咕哝了一声："对不起"，我刚想要张嘴说："没关系。"她觉得他说得不够大声，因此让他再说一遍："说大点儿声。"这种情况让我感到更加尴尬，因为：1）他第一次说我就听见了。2）我不需要他道歉！

如果他是带着恶意故意要打伤我，那我会觉得有必要让他了解一下什么是为别人着想，但是情况并非如此。孩子按照她说的还了城堡，只是没有像她希望的那样非常礼貌。

也许你不同意我认为那个还城堡的男孩不需要道歉的这个观点，但我觉得你会同意：告诉一个孩子要有礼貌是一件让人尴尬的事情，有时候甚至让人感到窘迫。有些孩子对此早就习以为常了，他们会立即翻个白眼，然后随口说出"谢谢"，但这也失去了全部意义，就像是出自一个无人控制的机器人之口。但是，许多孩子在说出礼貌用语的时候会扭来扭去或者眼睛朝下看，这就是在被迫表现出礼貌的时候，产生羞愧感的表现。在这件事上，羞愧感对于一个孩子或者成人来说都不是什么好事儿。

我们当然希望孩子能够善解人意，以至于许多人把对孩子施压从而让他们有礼貌看作是帮助孩子了解这个世界的方式之一。他们觉得有责任教会孩子要有礼貌，并且要做到持之以恒。

但是，只能通过这种方式吗？

我认为不是，接下来我要拿我的孩子作为例子。我把自己的两个孩子当作数据来源，也许能说明些问题。我们从来不让孩子们说"请"、"谢谢"或"对不起"，但他们都是很懂礼貌的孩子。

所以，这不是一个简单的公式：让他们有礼貌＋发挥他们礼貌的机会＝礼貌。我们发现，真正的、本能的礼貌出自对大人如何礼貌地待人接物的观察，出自对于哪些行为能让人们觉得更舒服、哪些行为和言语会伤害到别人的公开讨论，出自和孩子一起观察当人们受到不良对待的时候会有什么样的反应。当我们的儿子从朋友甚至是家人那里得到礼物的时候，他们能学习到如何立即说"谢谢"。

因此我们以身作则，一边分享孩子的喜悦，一边对礼物的馈赠者表示感谢，这样我们的儿子就能听到了。他们不需要跟着我们模仿，但随着时间的推移，我们发现他们开始模仿我们了。在不施加压力的前提下教会孩子礼仪为他们提供了一个良机，让他们可以去探索礼貌背后的原因，而不是仅仅知道礼貌的形式。

在大儿子4岁左右的时候，他从我的父母那里收到了一个他不喜欢的礼物（更明显他期待一个更大的礼物）。他几乎隐藏不住他的失望，但是我没有因为这个而让他尴尬。我感谢了我的父母，当我和孩子单独在一起的时候，我向迈尔斯解释说，有时候人们会搞错，给我们一些我们不喜欢的东西，但是他们给我们礼物也是善意的，我们应该感谢那种善意，即使我们不喜欢那个礼物。当时他看起来脾气很坏，我想我父母肯定心里想："这个孩子得好好教育教育了！"但是，经过一段时间，他就会学会更多，我也在学习不去理会我父母对于我的教育方法的看法。

在孩子不在旁边的时候和我父母谈谈我们对于孩子的期待和教育方法也能取得很好的效果。尽管他们可能并不同意我们的做法和观点，但是听到我和丈夫已经在设法教会孩子体会他们的感受，做出"良好的表现"，他们还是感到一丝欣慰。我们也像他们一样珍视礼貌和心怀感激的品质，我们希望能有一天这些可爱的孩子们能向人们证明我们的温柔鼓励和以身作则是有用的。俗话说得好，有蜜自然蜂多，所以，要相信长辈们的是非观念，这能让你在孩子们以自己的步伐发展的过程中得到更多回旋的空间。

在我的经验里，以身作则的礼貌和体面再加上交流和讨论足以战胜施压法，这比让孩子感到羞愧，或者像机器人一样毫无感情地说出那些礼貌用语要强得多。

分享

接下来我要说的话，可能会招致一片反对之声：我讨厌让孩子分享。准确地说，我讨厌强迫孩子去分享。我从来不会告诉孩子必须分享。当人们听到这个观点的时候，他们通常会难以置信地瞪着我看。他们一定是在想："你曾经带孩子到别人家让孩子们一起玩吗？""你想要养出什么样的孩子来啊？""教会孩子去分享能有什么坏处？这难道不会让世界变得更美好吗？""你的宝宝一定是可怕的玩伴，像暴君一样贪婪、自私、以自我为中心地控制着你和他们周围的一切！"好吧，最后那句有点儿刻薄，但是我知道有人是这样想的。

其实，我可以向你保证，事情不是你们想的那个样子。我的孩子们会与人分享，与那些受到压力被迫与人分享的孩子相比，他们与人分享的时候都是高高兴兴的。此外，我的儿子们经常会发起分享之举。怎么做的呢？我们发现孩子们在思想上准备好了之后自然学会了分享，他们不需要我们去告诉他们要分享，作为家长，我们只需要礼貌地向他们展示如何分享。

多数人都觉得分享是你教给孩子的一种技能，就像系鞋带和用刀叉一样。我们经常被反复告知分享的益处，以至于它成了一种第二天性。分享就是关心，俗话是那么说的，对吧？

当你仔细思量的时候，你会发现分享是一个相当复杂、相当深奥的概念。它意味着你想要某个东西，却得减少或推迟你的愿望，因为某个别的什么人想要它，而你考虑到了他的需要。我们大人经常这么做吗？也许你不愿意相信，但我们并不常常那样做。比如说，如果我想要你的钱包，你会和我分享它吗？如果我觉得你丈夫迷人、有吸引力并且机智风趣，我能要求和你一起分享他吗？不能，绝对不能。在我的婚姻中，我的丈夫已经让我明白，如果我想要一点儿他的薯条，那也是需要好好商量一番的事情。

作为成年人，我们知道有些东西是能分享的，有些则不能分享。我们得就事论事地进行选择，做出决定。那么孩子们又有什么不同呢？从婴儿6个月大一直到两岁期间，他们处于一个正常的发展阶段，在这个阶段，孩子们会宣示他们的领地，试探人们的底线，探索人们对于他们行为的反应。当一个孩子被允许发展和锻炼自我管理、自我约束和同情的时候，自愿分享的概念就会自然而然地出现了。

也许你在想，你的孩子们不会学习你们的榜样，只有你给他们压力他们才肯分享。也许你认为除非你给他们施加压力，否则孩子们不会做出任何慷慨的举动。你知道如果不强迫孩子分享，该怎么应对可能出现的互动和纷争吗？一想到让你的孩子紧紧抓着他们珍爱的布娃娃、微型足球、弹弓或者一块绒布你就会感到无所适从吗？好吧，我可以告诉你，我成功地处理了各种类似问题，事情得到了解决，谁也不用吃镇静剂压惊。让我们看看你放弃强迫孩子分享后可能会发生的常见情况。

受伤的感情

作为成年人，我们中的许多人觉得很难心安理得地看到别人的感情受到伤害。你可能会认识这样的人：他们一看到某人对他们选择的餐馆或者电台节目感到不悦或者大怒，他们就会立即道歉，而且很快改变决定来迎合那个生气的人。有时候人们这么做是出于友谊或者友好的妥协，但是通常人们是因为无法忍受因为观点不一致导致的感情伤害。

这样的父母养大的孩子经常被预先提醒要与人分享，当别的孩子想要他们拥有的某个东西的时候，你会看到这个当妈妈或当爸爸的就开始插手了，他们会小声和孩子说（有时候是咬着牙用力地说）："他真的很想玩那个，你得会分享。"

其实，如果你仔细想一想，就会明白这个说法从逻辑上真的不合理。小孩子凭直觉感到自己想要某个东西，那为什么另一个小孩同时也想要那个东西的想法就必须压倒这个小孩的愿望呢？

我们是这样处理这种情况的：如果我的孩子有某个好东西，这时另一个孩子想要它，而且为了得到它开始大哭甚至尖叫，我就会大声说出我的观察结果："我看出来了，谁谁真的很想要那个玩具。"然后我就等着看。我观察到我的孩子在观察另一个孩子，我说："我看到他很难过。"然后我就接着等。我看到我的孩子又看了那个孩子。开始的时候，我的孩子可能会耸耸肩，对那个孩子的要求置之不理，接着玩那个玩具，我就会对那个孩子表现出同情。尽管我几乎总是不忍心见到一个孩子那么难过，而且我几乎总有那种想要放弃我的理念，直接对我儿子说"给他"的冲动。我会许诺说（声音大到足以让两个孩子都听见）："现在是轮到迈尔斯玩儿，等他玩够了的时候就轮到你玩儿了。"

告诉你实话，"他玩够了的时候"实际上可能永远也不会到来，在我们离开事件发生地点之前，比如离开公园或者别人家的时候，他可能一直自己把着那个东西。我的孩子可能会一直玩儿到太阳落山，也没轮到那个小孩玩儿。抱歉，不过事实就是如此。下面这个事实也是真的：当迈尔斯玩够了的时候，他就不用那个了，别人就可以玩儿了。通过这种方式，"给他！"被转化成了一个理念：人们要轮流来做某件事，当某个人的感情受伤或者失望的时候我们感同身受，但是这并不意味着每当这种事情发生的时候，我们都得去以让自己感情受伤为代价去安抚他们。

最终，我们发现我的两个孩子都是在两岁大的时候，当看到有人难过的时候，开始主动分享，他们觉得这样就可以用一个东西换取朋友玩玩具的机会了。他们这么做不是出于恐惧，也不是因为他们觉得自己不配得到这个东西，他们只是看到某人也想玩儿，因此经常会以关爱和温柔之心去帮助别人实现那个愿望。我们发现让孩子们看到伤心失望是什么样的有助于他们更深刻地理解这些情感，并相应地做出恰当的举动。

你不需要迫使孩子去分享，让他们自己培养出同情心、敏感和慷慨大方，他们就会给你惊喜。

肢体冲突和孩子们之前的暴力

当孩子们想要对方的东西时，经常会发生肢体冲突，特别是他们还不会说话或者正在学说话的时候。他们可能会猛拉想要的东西，推对方，打对方，甚至会用各种风格的暴力手段来争抢，具体取决于孩子的性格。有时候，如果马上就要发生身体上的伤害了，你就需要把两个孩子分开。多数情况下，孩子们选择肢体冲突是为了表达他们的愿望有多强烈，不会造成伤害的。我看到过许多有经验的老师和家长就待在发生肢体冲突的孩子身边，不去拉架，也不会喊"住手！"或者"给他！"来结束争端。重复以上的建议给孩子们提供了空间和关注，让他们决定应该怎样继续，是要分享还是不分享。暴力方式永远也不是沟通的好方法，但是要注意不能太早介入，否则他们可能会觉得暴力是应该避开而不是应该共同解决的事情。

那些和你意见不一致的家长

在这个问题上，我所碰到的最困难的情况，是遇到那些和我意见不一致的家长。这有两种情况：1）我的孩子想要某个东西，而另一个孩子的家长强迫他的孩子分享；2）另一个孩子想要我的孩子的东西，他的家长想让我的孩子拿出来分享。

在第一种情况下，我会确保不去干扰那个家长和孩子，但是我找到了一个比较容易的办法，开始就对那个家长说："我知道分享对于你来说是重要的，我也不想触犯你的原则，但是如果你的孩子现在不想分享的话，我觉得没什么关系。"

通常，这个家长会觉得我只是"在表现我的善意"，但是必要的话我会重申我的观点，并且重新措辞，表达出我的想法，那就是：如果这是他们正在努力给孩子的一个训练，那么没问题，但是请不要因为我的孩子感情受伤或者提出的想法就鼓励你的孩子分享。我发现这么做不仅能让对方明白我的立场，也能让我的孩子听到我讲的道理，我就不需要再直接讲给他们听了。

第二种情况是我的孩子不愿意分享，而有一个家长想要他们分享，这种情况就难办多了——而且这种情况经常让我质疑自己为什么要去公园。既然我不适合这种交流，我干嘛费神带孩子去公园玩？总的来说，我不喜欢那些强迫我的孩子分享几乎任何东西的家长。如果他们对我孩子的行为不以为然的话，我更希望他们和我谈，孩子毕竟不是大人，大人应该和大人谈。家长们可以促成孩子们之间的讨论，但是对孩子来说，自己父母以外的大人往往被视为权威人物，这就会给大人和孩子之间的交流染上不公平的色彩。

因此，我们还是回到这个棘手的情况中来。如果某位家长要求我的孩子分享，我会介入其中，帮助我的孩子理解正在发生的一切。我会向我的孩子说明之前讨论过的关于别的孩子"不舒服的感情"，我会和我的孩子一起和那个孩子说这件事，而不是和那个家长打一架，讨论谁的孩子更应该拥有这个玩具。我的总体原则是，如果我在一个公共活动场所，而那里有一些人不同意我的育儿方法以及关于分享的态度，我可能需要采取一个折中的办法……我可能会建议我的孩子玩别的玩具，或者建议另一个孩子玩点别的，或建议他们一起做个什么（比如做个火车轨道而不是为谁拿着火车而打架）。有时我也会提供其他的选择来促使我的孩子分享，比如取出一个新玩具，拿给另一个孩子——希望我的孩子不会决定要新拿出来的。

有时候有些家长会生我的气，然后就走开了，我也只好听之任之。许多时候，孩子们会找到创造性地处理他们的愿望、情感和是非观的方法，让我们大吃一惊。当我们给他们足够的空间、凭直觉自然地发展他们的同情心的时候，我们所得到的，是孩子们更强烈、更持久的善心，甚至能让我们成年人从中吸取解决纷争的教训。

成绩与优秀

每个家庭关于强迫小孩子做到礼貌和分享的观念也许有所不同，但说到希望开展早慧教育、鼓励孩子获得优异的学习成绩，这个问题就更加复杂了。多数人永远不会承认他们是在强迫孩子学习，相反，他们会说自己是在"鼓励"他们，"培养他们"对于学习、阅读、数学或小提琴的热爱，"拓宽他们的眼界"，让孩子在成功的路上"有个最佳的开始"。在我们的文化中，成功与否主要取决于你有多"聪明"。我们抛开"强迫"这个词不谈，鼓励孩子尽早学习错在哪里呢？

想一下如果没有学龄前教育生活会是什么样子的。想象一下孩子们在5岁之前没学习过，你会对孩子怎么做？你没有可以送孩子去的地方，也没人指导你他们"应该"学些什么，你和孩子会怎样度过每一天？其实，在40年前，根本就没有学龄前教育这种理念。对，我就是这么说的：没有学龄前教育！

在1970年，有大约70%的妇女作为全职妈妈和孩子待在家里（与2009年20%的数字形成对照），学龄前教育只是在妇女解放运动蓬勃发展以及职业妇女越来越多的形势下才得到普及。

在这种劳动力变化和托儿需求产生之前，一个不上各种托管班、培训班的孩子是怎样生活的呢？孩子们尽情玩耍，他们和妈妈一起做家务，他们和朋友及家人一起去别人家拜访。多数家庭直到20世纪80年代才安装了有线电视，他们不会有好几百个频道让他们感到眼花缭乱，无从选择。此外，也没有能让妈妈偷懒片刻的光盘或动画片可看，没有特意为婴儿设计的音乐，好让孩子在你开车带他们往返公园的路上培养乐感。

对于许多妈妈来说这种生活并不理想，但是如果我们费点儿时间看看在这种环境中长大的孩子，我们就会发现，在孩子们很小的时候，他们即使不接受任何有组织的教育，他们的学习和发展也会进行得很好。并没有科学研究数据表明20世纪70年代之前长大的孩子和现在的孩子相比不够聪明，发育不良或适应能力不佳。实际上，他们很可能具备现在的孩子没有的一些能力，其原因主要是现代科技的负面影响。比如耐心：1940年的孩子不会觉得计算机开机时间过长，手机充电太慢，也不会想用不到一周的时间环游大半个地球。我想知道下一代这群小家伙儿是否需要费尽力气才能培养出耐心这种能力！

就像我们凭直觉就知道怎样为人父母一样，孩子们在小的时候也能凭直觉知道该怎样成长和发展,这本身就是一种学习。还记得我们讨论生孩子的时候所提到的哺乳动物的样子吗?我们可以把那个形象延伸到学习方面去。接下来我们会谈到一些孩子凭直觉学习的方法。

我们是一家人

如果我们从发育的角度把一个哺乳动物的年龄转化为一个人类的年龄,我们就会看到,哺乳动物在它们生命的第一个阶段中学习到的一切都是从它们的妈妈和周围的群体那里获得的。这就意味着最重要的学习是通过和父母、兄弟姐妹、大家庭成员及朋友的互动实现的。如今,许多婴儿产品都是以宝宝不需要妈妈抱着或者看着为卖点。想想那些挂在天花板上的小饰物,那些上面挂着晃晃荡荡的动物爬行垫,还有那些扶手上系着各种玩具的精美儿童推车。对于一个灵长类哺乳动物来说,和人们待在一起就是最自然不过的事情,这能教会它们社会规范,让它们了解什么是合作,使它们对于事物有适当的预期,而且还能学到最重要的东西:爱与感情。孩子们需要先在我们的怀抱中学习,这样他们才能在离开我们怀抱的时候也能学习,最终在没有我们的情况下持续拥有学习的能力。

没有比较

孩子们大多不愿通过会拿自己和其他孩子相比来激励自己多学多练。那是成人愿意替他们做的事。在我生大儿子之前,我真不知道还有拿孩子互相比较这回事。比谁更高、谁更瘦、谁先翻身、谁先会爬、谁先会走、谁说出第一个字和谁先说出第一个句子。我甚至听到两个新生儿的妈妈比谁先有射乳反射。越来越多的人希望孩子早慧，在这种形势下，这种比孩子的对话甚至扩展到比较谁先认识颜色，谁先会背ABC，谁先从1数到10等。尽管孩子们通常可以根据其他孩子的表现了解到自己的能力（有时候甚至被其他孩子的能力所激励），但这种父母之间的比较具有干扰作用，容易造成事端。攀比容易使孩子建立起不真实的交际观念，使他们认为他们存在的意义在于比谁高、比谁瘦或比谁聪明。我恳求人们（特别是在一些像公园和购物中心这样的社交场所）找些别的话题来聊，不要总是比谁的孩子更怎么样。

可以谈论你的孩子有哪些长处，又有什么需要改进的，但是不要把自己的孩子当作比较的标杆，这样他们才不会总是觉得自己需要和别人比较。

在这里我应该提一下，每个孩子的发育都有所不同，以他们自己的速度进行着。但是说到孩子是否表现突出，对于那些发育程度不在"正态分布曲线"上的孩子，我们该怎么说呢？那些发育迟缓或"非典型发育"的孩子的父母经常被要求解释他们的育儿方式和选择。我这么说是出于我个人的亲身体验。我的两个儿子会坐、冒话儿、会爬、会说话和会走路的时间都比同龄的孩子要晚得多，比多数育儿杂志和育儿书里面规定的"正常"时间也晚许多。我的两个儿子在"应该"会翻身或会爬的时候都不会翻身或不会爬，他们直到17个月大才会走（尽管那个时候他们已经会用手势表示上厕所的意图并且穿内裤了，但谁又会比这个）。我的两个儿子都是3岁多了才会说话，我的小儿子到了两岁才会说许多一岁的孩子就会说的词。

有了第一个儿子，我对于其他人关于发育程度不符合"正态分布曲线"的孩子的看法和评判变得异常敏感。不可否认，比我儿子小6个月的孩子都会翻身的时候，我儿子还不会翻身，在同龄的孩子完全可以自己点餐的时候，他还需要我把他断断续续的词组翻译给服务生听，有时候这让我觉得沮丧。我羞于承认有时候这会让我觉得窘迫。为什么我的孩子们就不能快点儿长，跟上其他所有的孩子呢？这种经历迫使我深思。我希望从孩子身上得到的是什么？我的孩子们用他们明显的耐心和自得其乐想要告诉我的是什么？

多数这样的父母会把他们的孩子送到语言治疗师、物理治疗师和职能治疗师那里去。但我没有因为孩子"发展迟缓"而感到绝望，因为：1）我的婆婆记性超好，她记得我丈夫小时候就是这样的。2）我丈夫的大脑里也有同样的记忆（这样他根据直觉认为他们完全没问题）。3）一个支持我们的儿科医生，他向我们保证孩子一切都很好。

如果没有这些，我可能会变得非常紧张，而且我还可能会花上大量的时间、金钱和精力去"迫使"孩子们快些发育，而儿童的发育是有其自己的时间规律。优秀的儿科医生通常能做出基本的判断。目前有一种奇怪的潮流，就是许多父母认为孩子发育迟缓，就要带孩子去看医生。

请尊重孩子的成长进程，不去和别的孩子比较，这会给孩子空间让他们按照自己的速度成长，让重视自己的特殊性，去证明自己的直觉是对的。作为一个与多数父母不同的母亲，我一直被指责妨碍了我孩子们的发育进程，抱他们太多，以致他们很黏人，还有（我最爱引用的批评）耽误他们发展说话的能力，因为我总能正确地猜出他们的非言语暗示。有些人真的认为他们的育儿方式是唯一正确的方式，在他们把自己的孩子与我的孩子相比的时候，他们的攻击达到了顶峰。直到生了第二个孩子以后，我才学会不理会这些荒谬而且伤人的指责，心里暗暗祈祷当这些人成为祖父母的时候，他们的孙子会是些发育相对缓慢的小甜心，这些孩子很明显并没什么问题，只是在从容地长大而已。

我现在很同情那些人，他们认为所有的孩子都能被分类和归档，就像他们是一间"正常儿童图书馆"一样，而我知道，所谓的正常儿童并不存在。通过观察我那些发育较慢的孩子们——他们的耐心、信心、爱和同情，我得出非常宝贵的经验，而且我明白，就像成年人对于新技能和新挑战有着不同的学习曲线一样，孩子们也是如此。

玩耍

我们做出了一个私人的选择，就是在我们的孩子大约5岁之前不让他们以任何形式正式学习。这包括不给他们看教字母的书，不唱字母歌，不玩认字或数字填字游戏，甚至也不教孩子颜色，这让我的父母和公公婆婆感到沮丧（"教他学颜色能有什么坏处呢？！"）。当我们的大儿子5岁左右的时候，我们所做的是学习地图、大自然以及人类的身体，但是我们的学习从来不涉及死记硬背，甚至连"潜移默化"的学习都没有，这并不是说我不相信学习的好处，相反，我和我丈夫都曾获得高学历，我们热爱教育、学校和学术。我们只是想以我们认为适合孩子的、最有益的方式培养他们的学习习惯和兴趣。做任何事都是要分时间和场合的。我们当然也有印着字母的积木，我们只是选择不让字母成为积木最重要的部分。那么，我们的孩子如何学习呢？

不管你相信与否，在一个孩子几岁之前，他们能做的最能促进他们的智力和创造力的事情就是玩耍。不要让他们看识物卡片，也不要教他们去"识字"，只要让他们玩儿就可以了。玩积木、玩锅碗瓢盆、玩水和玩沙子对于婴儿的大脑发育是最有利的。在玩这些东西的过程中，学习、排序和因果关系这类事情会不言自明。

许多人觉得教孩子的"新"方法总是比老方法好。这就是说，如果你有能对孩子说各种知识的电子积木，你的孩子就不仅仅是在玩积木，他们同时也在学习！实际并非如此。他们并不总是需要多种学习模式。在积木游戏对他们最具诱惑力的时候，他们所应该做的就是玩积木。

培养孩子对于简单玩具的喜爱（参见第8章关于玩具）不仅能帮你省钱，还能减轻你的紧张感。玩耍对于婴儿或儿童来说完全没有问题。他们随时都在学习。

媒体

随着孩子长大，变成会说话、会推理的幼儿和儿童，那些具有想象力的游戏开始具有不可比拟的价值。尽管像华德福教育方法这样的教育理念并不完美，但它们鼓励家长们在孩子几岁之前让他们少接触媒体，强调讲故事、做手工和做具有创造性的游戏的重要性，不去特意学习，从而将创造性游戏的理念提升到了一个新的高度。这种环境才是真正纯粹的游戏应有的样子。

我们家里不给孩子们提供电视、电影或电脑游戏，我们发现，由于没有事先看过的电视节目，孩子们真正得到鼓励去创作他们自己的剧本。这样做的结果是我们的孩子不会无所事事地盯着天花板，也不会没有可玩儿的东西。他们可以连续玩上好几小时，把他们喜爱的事物表演出来，像消防队、太空或者我们给他们讲的故事和没有图片的书，这样他们就可以对人物和场景随意发挥了。我不是说不接触媒体的孩子们想出来的游戏一定优于看电视或电影的孩子玩的游戏，只是想说明即使孩子们不利用媒体渠道或媒体渠道所推销的产品，他们也能玩得既开心又创意。

媒体不过是以有趣的方式教育你的孩子的事业，广告商、作家和电视及电影制作人则以促进孩子的学习能力的名义推销专为儿童打造的产品。

这使我们产生了让我们的孩子努力摆脱各种产品和书的狂轰滥炸的想法，那些东西总是在教我们怎么让孩子学习。孩子们看电视节目被认为是可以接受的，因为"这些节目具有教育意义！"。读儿童书不再是为了兴趣，而是几乎每页上都教字母和数字。想要找到一本不"教"孩子什么东西的儿童书变得越来越难了。甚至有电台广告鼓励你购买一个为6个月大的婴儿设计的阅读项目，因为6个月是婴儿学习阅读的"最佳"时间——谁说过婴儿需要学习阅读？

关于媒体的问题相当复杂，我们家选择让孩子们再大一些的时候才可以看电视和电影。然而，我知道对于很多家庭来说让孩子看电视或录像是让父母能在早晨、白天或晚上得到片刻休息的一个方法。我想，如果电视节目是"具有教育意义的"，人们对于让孩子坐在电视前面会感到心里好受些，但是我想说的是，如果你从直觉上感到让孩子开个小差让你有些不舒服，如果孩子对于电视过于迷恋，容易分心、吵闹或者发脾气要求更多的看电视时间，那么看电视对于你或者孩子们来说就不是最佳选择，无论这些节目是不是有教育意义。

同龄人压力

这对于其他人来说可能完全不是问题。有的人有更多的时间、更多的资源和更多的耐心。有些人的孩子和你的孩子不一样，因为你觉得你的孩子需要很多的启发、鼓励或帮助。达到某些文化上的或学习上的里程碑是深深植入在我们的文化当中的压力，抵御我们文化中多数父母所追赶的潮流非常具有挑战性，也常常令人感到沮丧。

相信你自己。相信你的孩子。相信你的直觉。不要对同龄人的压力屈服。没有什么竞赛需要去赢，即使你的孩子是"最好的"，这世上也没人会给你颁奖。

当孩子表现并无失当的时候，要尽量减少与他们的冲突，要从他们的热情、愿望和独有的特质中得到启示。

避免给孩子施加压力能让你更多地去观察他们而不是打扰他们，能帮你看到自己孩子以及别的孩子的本性。我不想打破你习惯于给孩子施压的这个泡泡，但是你应该好好地考虑一下，如果你不站在那里强迫孩子那么做的话，当你把玩具从他们的手里抢下来，塞给他们唠唠叨叨想要玩具的小朋友的时候，你那会说"请"、"谢谢"和"给你"的彬彬有礼的孩子们可能并不愿意做那些事情。想象一下，通过减少压力，教会孩子礼貌的价值与回报，你会塑造出一个有良心、有自我意识和对于自己的需求有信心的小家伙，而不是一个机器人或者一个学习成绩超常的孩子，这样的孩子只是希望你不要再给他们施压。

这样做同时也能给自己减压，这种感觉也不错，不是吗？

婴儿不需要惩罚：
理解温和式管教法

"我20岁左右的时候，我遇到一位老牧师的妻子，她告诉我说，在她年轻那会儿，刚生了第一个孩子的时候，她认为不应该打孩子，尽管当时用树枝揍孩子是最常见的惩罚。但是在她儿子四五岁的某一天，他做了一件让她觉得应该挨揍的事——这是他第一次犯了大错。她告诉儿子他得出去找根树枝，好让她用那个打他。那个男孩出去了很久。男孩回来的时候，他哭了。他对她说：'妈妈，我找不到树枝，但是这有一块石头，你可以用它砸我。'"

——阿斯特里德·林格伦，《长袜子皮皮》的作者

假如每次有人向我解释为什么我们所用的温和式管教对他们无法奏效的时候我就能得到一分钱的话，那我现在就会变得非常非常有钱了。我听到过无数的借口："温和式教育只对_____奏效"……空白处可以填：小家庭、全职妈妈、听话的孩子、胖乎乎的宝宝、说话晚的男孩、有着"外星人基因"的超级耐心的妈妈等。怎样管教孩子是育儿方法中最热门的话题，审视自己的做法，考虑改变自己对于管教和放手的理念，这确实让人望而却

步。

我们中有许多人是按照自己被如何养大的方式来育儿，根本不考虑那种方式是不是正确。这是很自然的事，我们容易向自己熟悉的方式倾斜，即使我们初为父母时都抱着良好的意愿，希望不去重复我们父母的错误。说到管教，我知道许多父母开始的时候希望自己成为比自己的父母更温柔、更理性、更民主的家长。但是，在孩子前几岁的时候通常会发生某件事，让你相信即使是圣人也觉得体罚是对付这个无礼孩子的唯一合理的方法。于是，你就准备了一套说辞来应付任何质疑你太严苛、太强势、太专制和太激动的人。

对于管教方式的讨论总是不愉快的，当人们的管教方式受到批评的时候，他们有时会感到内疚或羞愧。还有一些人会为自己辩解，虽然他们内心深处希望自己能做得更好。内疚、羞愧和辩解让人们觉得无望，这种无望感又反过来隔绝了做出改变的可能性。

关于以上的讨论可能引起的感觉，我想说三件事。

第一，我不想让任何人感到内疚或羞愧

第二，如果你确实感到内疚或羞愧，那说明你内心深处感到你一直实行并相信的育儿方式有些不对劲儿的地方，这没关系。

第三，改变你的育儿方式永远都不算晚，特别是当你决定采用更温和的管教方式时。

孩子们的适应能力超强，因此你即使不用那么咄咄逼人的管教方法也不会让你（或他们）陷入没规没矩、无法无天的混乱状态。放松自己，接着往下读。

一般的育儿书写到这章的时候都是先描述一番严苛式管教是什么样子的，然后举些例子，给些数据，让你知道严厉的管教会伤害你的孩子，最后说只要你实施温和式管教，你就能成为这世界上最好的父母。你可能已经看出来了，我写的并不是一般的育儿书，因此这一章也不是常规的写法。

我会告诉你什么是温和式管教，我还会讨论严苛式管教是如何违背你和孩子的直觉的，还会给出事例说明一些别人告诉我们有用但实际上却不奏效的管教方法。我会说明那些对我们家行之有效的温和式管教方法，然后我会让你了解到我家最常用的管教方法，这些方法为我们之间的交流设定了界限，创造了一个有利的环境，在这个环境之下，即使有人表现得不够理想，我们还是能找到一起解决的方法，并且保证对每个人的理性和尊严秋毫无犯。

考虑到我的父母和我的家族起源，我不会讨论我小时候家里管教方式的细节。认识我家人的人们都不会怀疑我父母对我的爱，以他们的知识和所拥有的资源，他们已经尽力做到最好了。可以说，我们所有人的父母都是如此。

我这样说不是为了引起对我童年生活的怀疑，而是为了告诉你，我并不是在一个总是采用温和式管教理念的家庭中长大，也并非在自己做母亲的时候就能顺理成章地采纳这种理念。我学习得很慢，也很痛苦，我希望我的父母看到了我的儿子们在我们的引领和温柔的爱护之下茁壮成长，希望他们能从中得到启示。

有些书整本都是在写温和式管教法，从A到Z列出了任何一个你可能遇到的场景，告诉你在这些想象得到的场景中如何运用温和式管教法。我不会在这章里重复那些需要用一本书才能表达清楚的理念，但是我想告诉你一些温和式管教的精髓，一些能体现其大致面貌的方法，这些方法是从我的孩子出生到现在对我们最有用的方法。

什么是温和式管教法？

简单地说，温和式管教法是一个一般用语，指的是不使用暴力的育儿方式，依靠充满尊重的相互沟通来解决问题，不把孩子视为不如自己或弱于自己从而可以被自己操纵的人，而是将他们视为快乐的源泉和可以满怀爱心进行交流的人。温和式管教法的主要目标包括：让孩子觉得和我们在一起有安全感，让他们觉得与我们是伙伴，帮他们找到办法做出更好的行为，而不是让他们停止做我们认为不合适的事情。此外，通过培养敬意和同情心，教会孩子自律，鼓励他们成为最好的自己。

对于温和式管教法的一个常见误解是：它鼓励并默许孩子们做任何他们想做的事，这样孩子们就会成为家里的老大，成为可以用任何稀奇古怪的行为挟制我们的"被宠坏的暴君"。这并不是温和式管教法的宗旨。温和式管教法并不是放任式的育儿方式，不是将父母和孩子视作同龄人。相反，温和式管教法描述的是向你的孩子传达你的需求并同时尊重他们的需求的一种合作方法。

温和式管教法可以用来达成任何你想在家里建立的秩序。多数实施温和管教的家庭仍然要求孩子有礼貌、为他人着想并且有责任心。有些这样的家庭比那些采用严苛管教法的家庭规矩更多，对孩子的期待和要求也更多。两者的区别在于父母和孩子沟通的方式、使用的语言，以及由此建立起来的父母与子女之间的关系，这样孩子们成年之后与父母的关系将是充满爱意并且非常健康的，温和管教法在他们小的时候就为这种关系确立了基础。

对于我家孩子不奏效的方法

有时候，在我们明确知道哪些方法有用之前，我们更容易意识到的是哪些方法无法奏效。对于孩子不当行为不合逻辑的推论、辱骂孩子、给他们随意贴标签、用自己的权威武断地发号施令、不允许孩子表达自己的正常情感，这些都是违背亲密育儿法理念的反直觉行为。

★不合逻辑的推论

我最常见到的管教方法就是对于父母想要阻止的某些行为给出不合逻辑或不相干的推论。常见的例子包括下面这类条件性的威胁："如果你再不听我的话，今晚你就别看电视了。""如果你再不停止往地板上扔玩具，就别想吃甜点了。""如果你再打你哥哥，我就不带你去公园。"当孩子们被威胁剥夺他们的某项福利、糖果或出去玩的机会的时候，他们通常会停止他们的冒犯性行为。你不是也这么做吗？我发现温和式管教法的一个重要方面就是我希望我的管教对于孩子来说是合理的。

不合逻辑的推论可能会得到想要的结果，但同时也建立了一种武断性的权威口吻和一种威胁的氛围，而这种氛围对于父母和孩子之间良好关系的建立无益。换句话说，这种做法可能会改善孩子的行为，但是无法改善孩子与大人之间的关系。

对于几乎任何一种我们想要改变的行为，我们都能找到符合逻辑的推论，然后在温和式管教法的框架内进行。例如，我们可以对大一点儿的孩子这样说："如果你现在不听我的话，我担心今天我们去公园的时候你也不能听话。听话很重要，因为只有那样我们才能在公园里保证我们的安全并且很好地沟通。"或者说："球才是用来扔的，精美的书不是用来扔的。如果你继续扔那些书，我就得把它们收起来了，这样才不至于损坏它们。"这些话可能显得有些啰唆，刚开始的时候可能会觉得有些不自然。经过反复练习之后，用这种方式说话、思考和交流就变得再自然不过了。

对于有些行为来说，通常很难找到合乎逻辑的推论。例如，如果你的孩子在那儿哭号，你能得出什么合理的推论呢？告诉他们你不想听了？孩子打人又有什么合乎逻辑的推论呢？告诉他们一天不许用他们的手？我们发现，利用温和式管教法可以减轻一个家庭所受到的压力负担，你会惊喜地发现孩子的一些让人非常烦恼的行为减少了，这样你就可以不用经常绞尽脑汁地和孩子斗智斗勇了。在我们家里，当我们温和地说出下面的语句的时候，哭号就会在几分钟之内停止："你要是用那种声音，我就听不见你说话了，"或者我最爱用的母乳喂养协会的领导人想出的一句话："那种声音的答案是'不'。"当孩子扔汤匙的时候，我们会说："汤匙是吃饭用的。"同样道理，"手是用来玩的、吃饭的、拥抱的，不是用来打人"，这样的话即使小孩子也能听懂其中的道理。说到打人，"打人很疼"和"在我们家里，我们不打人"这类说法通常是很有效的开场白，接下来我们会对手和感觉展开更多深入讨论。

你得弄清楚对于你家孩子来说最有用的方法。然而，我恳求你，你对待孩子时使用的逻辑要和你对老板、同事、朋友或配偶使用的一样。孩子一点儿也不傻，如果你能尊重他们，他们会感觉受到了重视。不合逻辑的推论只会让我们显得高高在上，让孩子们显得唯唯诺诺，而无法表现出对孩子的尊重。

★辱骂、随意贴标签

如果你曾经在学校被其他孩子辱骂，你就会知道那种感觉很糟。我至今仍记得在我的学校里那些因为身体差异和性格上的奇怪之处而被辱骂折磨的孩子们，从幼儿园到高中都有，在这些地方，害羞、肥胖和长青春痘都能成为令人吃惊的恶意辱骂的原因。在小学，我被叫作"矮子"、"平胸"和"厕水"（一些上过希伯来语学校的机灵孩子起的，他们记得我的名字是"水"的意思）。到了高中，"绽放之花（作者在15岁的时候出演的电视剧名）"这个辱骂就足以让我觉得胆小羞怯了！

现在想象一下，一个小孩子被自己的父母冠以恶名或标签。那一定会很让人受伤，那种感觉会更难释怀，比你在小学得的外号更加难以忘却。我听到过父母给他们的孩子贴标签，说他们是坏孩子、淘气鬼，指责他们被宠坏了、懒惰、轻浮和神经过敏——你明白了吧。孩子们会牢牢记住我们告诉他们的话，我们随意贴标签的行为会影响他们的自我印象。当然，有时候孩子会做出我们不喜欢的行为，但是我愿意试着去描述这种行为本身，而不是给这个行为加个标签，随意定性。"我让你把玩具从地板上捡起来，可是我看到你坐在沙发上了。我希望你能站起来收拾一下地板上的玩具"这个说法比"你真懒！"更有用。"我知道你还想再吃个小甜饼，但是我说过了，我们吃一个，而且只能吃一个"比"别这么让人讨厌！"要温和许多。"刺耳的话会伤人"和"你用的刺耳的字眼是大人才能用的"比"只有坏男孩才骂人"要理性得多。

孩子不在场的时候也要注意你的言辞，我们越在别人面前给自己的孩子随意贴标签，就越容易认为他们就是那样的。

★ "因为我是这么说的"

有许多时候，管教孩子让人筋疲力尽，无所适从，而温和式管教法似乎显得更加费力。我们都有过这样的时刻，但我发现它们最终总会过去的，而且我从这种育儿方式中受益越多，它们过去得越快。还是会有这样的时候，我的小甜心第一百次问我："为什么不呢？"或者"为什么我不能那么做？"，我真心觉得最容易的回答就是提高嗓门，用不那么好听的嗓音嚷道："因为我是这么说的！"确实，提高嗓门用难听的声音说话能引起孩子的注意力，但是这是一种不愉快的注意力。多数孩子都能明白那种回答对他们没有意义。

"因为我是这么说的！"这类回答对待孩子的方式就好像他们是我们的下属，不配从我们这里得到有关我们所设置的规定的任何解释。我们不是总能知道应该怎样回答孩子的问题，但是我从个人的经历中知道"因为我是这么说的"和"因为我是妈妈"达不到理想的效果。

★ "不许哭"

哭泣是孩子对生活中所发生的各种各样的事情所做出的自然的反应，对于孩子的生长发育来说也并无不妥。恐惧、悲伤、吃惊、紧张、受到伤害和愤怒是我小时候哭泣的主要原因。自己孩子的哭泣可能让我们做父母的感到非常不舒服——也许是因为我们有时候无法减轻伤害，或者因为我们不希望他们打扰到周围的人，或者因为我们觉得他们根本不应该哭。

无论我们的动机是什么，孩子们还是会哭泣，因为他们需要哭。

眼泪里含有少量的肾上腺皮质醇，这是一种身体中的压力激素。哭泣有助于将紧张和压力从他们小小的身体中释放出来，是很正常、很健康的行为。将哭泣视为正常合理的沟通方式可以帮我们除去我们的文化加诸哭泣的恶名。哭泣可能不是最有效的沟通手段，但有时候，它是小孩子的有限的兵器库中唯一的武器。

我们的儿子们摔跤的时候会哭，感到感情受到伤害的时候会哭，害怕某个新环境的时候也会哭（不知为什么迈尔斯看到轮椅就会哭，弗雷德看到小丑也会哭）。有的家庭成员和朋友觉得这很可笑（也许是觉得不舒服或不安），会嘲笑他们的哭泣，虽然只是开玩笑。坦率地说，这一点儿帮助也没有，而且会强化这样的看法：我们认为孩子不应该哭的时候他们就不能哭。如果你个人因为孩子"假装"哭而感到烦恼，那就是另外一回事了，我认为即使在那种情况下也应该弄清楚这"鳄鱼的眼泪"的根源。但是当孩子们哭的时候，我们应该让他们哭，并且帮助他们理解他们的感觉，找到让他们感觉好一些的方法。

至于那句经典的"再哭，我就真得让你好好哭一场了"，我相信你知道我会对这句话有何评论：不要和孩子说这句话！当孩子感到悲伤时，威胁他们、强迫他们停止哭泣不仅会让孩子对哭泣行为产生奇怪的、恐惧的联想，还会让他们对表达任何他人不喜欢的情感感到畏惧。我相信我们都希望自己的孩子成年之后能够非常自信地说出这样的话："不了，谢谢，我不吸烟、我不喝酒、我不吸毒"，或者"不许碰我"，还有"我觉得这样不好"。这些拒绝的自信都是从这里开始的。

我们已经审视了那些没有用的方法，现在让我们看看似乎有效的管教方法——而事实上，它们是因为错误的原因奏效的。当这些技巧被使用时，孩子们的"坏"行为显著减少了，表现得彬彬有礼，不再重复冒犯性的行为。如果他们还是重复这些行为的话，通常也没那么咄咄逼人了，次数也有所减少，最终他们想要那么做的欲望消失了。此外，许多使用这些技巧的人会指着他们温顺、安静、有礼貌的孩子作为这种育儿方式的证明。

那么，让我们检视一下这些因为错误的原因而奏效的方法。

★计时隔离

我知道很多人真的非常喜欢用计时隔离（类似关禁闭，是指孩子犯错了之后让他在指定的地方待上一段时间，反思自己的错误）的方法和计时隔离法的近亲"倒数法"（当孩子表现不佳时，你会从3开始倒数，如果到了1这个行为还不停止，孩子就会被隔离反省）。过去有些书、手稿和公式专门教你怎么计算孩子应该被隔离反省的时间，在什么情况下应该让他们隔离反省，怎样让他们老老实实地接受隔离反省。其理念是当一个孩子表现不当的时候，他们会被平静地从某个活动、某个群体或某个地方隔离开，被迫（强烈鼓励）单独反省，直到他们冷静下来，答应再也不做使他们被隔离的那件事，才会让他们重新参加那个活动、那个群体或回到那个地方。

　　你一定见识过计时隔离法，忙忙碌碌的父母们阅读大量的育儿书，带孩子去看儿科医生。这些儿科医生的候诊室甚至比托儿所都漂亮。我通常是先通过一声尖叫知道某个孩子正在被隔离反省的。顺着尖叫声，一般都会看到一个孩子坐在饭店或公园的某个角落的椅子里，或者坐在汽车座椅上，独自一人，面对着墙抽泣着。他的父母通常就在附近，对孩子保持适当的关注，经常还会嘀嘀咕咕地提醒孩子他被隔离反省是因为做了什么什么，当时间到了或者他们停止哭泣的时候就可以回来了。

　　每当我观察到这里，我经常会有想哭的感觉。看到一个处于悲痛中的孩子被迫独自待着，听到他的哭声，我真的感到非常困扰，我觉得这样非常不好，无论对于孩子还是认为这样能让孩子改进某种行为的父母都是如此。我不能把一个孩子单独扔下，让他独自面对他不知道应该如何处理的感情，无论那件事让我多么不舒服。亲密育儿法鼓励我们不要忽视婴儿的哭声，当孩子们长大一些的时候，他们有了更多的情感，学会了更多的词汇，但是他们并没有学会我们希望他们知道的所有单词。因此他们会有不同的方式"哭泣"，我们必须——我们也有权利——慢慢去了解这些新的哭泣中蕴含的情感。当他们哭泣的时候，他们是在说："帮我理解这个世界，帮我和这个世界沟通。"

　　在我看来，计时隔离法之所以有效是因为没有人愿意对着墙独自坐在那里哭泣。反正我是不会愿意的，你会愿意吗？因此，孩子们会将他们的"不良行为"和计时隔离联系起来，而计时隔离实际上就是一种惩罚——对于活动、社交和注意力的暂扣。孩子们意识到面对着墙坐着哭泣一点儿都不好玩儿，他们最好停止那种使他们被惩罚的行为。然而，这种做法完全没有教会孩子为什么他们的行为是不受欢迎的，也没有让他们产生去理解为什么不能那么做的动机。我知道父母确实会告诉孩子为什么让他们隔离反省，我也知道在本地公园里听到"你得去隔离反省"的机会和听到"妈妈，我要撒尿"一样多。

但是让孩子面临独自一人哭泣的威胁的做法不应该成为孩子好好表现的诱因，也不该是他们听从我们设立的规矩或满足我们的期待的理由。我们希望他们有某种表现是因为他们觉得那是对的，觉得那是合理的，能让他们与周围的每个人建立积极的互动。

最后，就像我们之前讨论的睡眠训练中让孩子哭个够的方法一样，我认为让孩子去哭而不去安慰有悖于我们做父母的直觉和本能。我们说服自己这是为了孩子好，但是这个逻辑只对那些受到很多专业育儿书和教练的影响的成年人才觉得讲得通。当你强迫孩子面壁而坐，或者把他们关在自己的房间，在门外听着他们哭叫、啜泣和抽咽的时候，如果你觉得心里不自在，那么你得知道，那不是唯一让他们纠正不良行为的途径。聆听你的本能，把孩子重新带回你的怀抱，回到他们能够更好地控制和理解的世界。

★威胁与奖赏

像我刚才说过的，威胁之所以奏效是因为没有人愿意承受"如果你不……我就……"的后果。威胁是一种权力较量，只有父母会赢，孩子永远也赢不了。特别是在威胁之后给出的不合逻辑的推论，孩子们赢不了，因为他们甚至无法理解里面的规则——我们做父母的通常也无法理解这些规则。同样，奖赏也是在同样的前提下奏效的：父母有权力和权威决定什么是好的，什么行为可以得到一个礼物、一个小甜饼、一顿大餐或者其他任何东西。

　　和计时隔离法一样，威胁与奖赏似乎确实有用，但是他们起作用的原因是不对的。就像孩子们因为恐惧被惩罚的后果而对威胁做出反应一样，他们对奖赏有反应是因为他们被这个奖赏打动，而不是因为能与其他孩子一起好好玩、赢得尊重、受到重视、被欣赏和被喜爱而产生动力。

　　这不是说我从来没用过棒棒糖哄过孩子。有一次我们一起参加婚礼而我是伴娘的时候，我给了儿子一根棒棒糖，好让他安静地和我丈夫坐在一起。我确实那么做过，那办法也很有用，但还是让人觉得心里有些不舒服。

　　如果我们给过孩子一两次威胁或奖赏，我们还不算失败，也没有开启一个永远无法打破的模式。你不指望自己的孩子是完美的，你自己也不用是个完美的父母。那没关系。孩子们具有相当的可塑性，他们在成长的所有阶段都会以我们为榜样。所以如果你偶尔说漏嘴了，没什么大不了的，只是这个方法不应该成为你教育孩子的主要模式，否则你就是在用不受欢迎的方法来鼓励想要的结果。（郑重声明，我再也没用过那个棒棒糖花招）

★暴力

　　我把这一条留到最后，因为我觉得这是最难讨论的育儿手段。我对于各种育儿方法都怀有应有的尊重，但是用暴力来对付一个孩子的方法把我难住了。在这社会中你唯一能打的一个人就是你的孩子，你不能揍你的丈夫或妻子。你不能打你的老师或朋友。

打孩子的人们常说他们打孩子是因为爱，而不是出于愤怒。出于生气打孩子（在"盛怒之下"）和据称"冷静的"严格控制的打孩子之间的区别是学术上的，在现实中看不出有什么区别。两个方法都涉及打孩子，因此都导致孩子小小的大脑开始分泌神经递质和激素以应付疼痛和恐惧，同时还要压抑想要反抗或逃跑的想法。

我们不打孩子的最简单理由是：打孩子就是打孩子。那不是爱。那不是教育。那是打人。你可以说你是因为爱才打的，或者说你是用打来教他某件事情，但是那还是打人。

用体罚的问题有多大？有关研究在美国有相当大比例的父母体罚孩子，研究细节表明接近2/3的两岁儿童的家长使用过体罚手段。到五年级的时候，80%的孩子曾经被体罚过。到高中的时候，85%的青少年说他们曾经被体罚，其中的51%说他们曾经被皮带或类似的东西打过。令人震惊的是，根据美国教育部人权委员会2004—2005学年的报告，有27万余名公立学校的孩子在学校受到了体罚。

那么所有这些体罚都起作用了吗？研究表明，从长期来看，体罚并没有提高孩子们的服从度，实际上，孩子们因此更无法理解什么是恰当的行为和服从。此外，许多研究报告说孩子受到的体罚越多，他们就越叛逆，越不容易对别人表现出同情。在全世界，体罚与日益增加的心理失调及焦虑、抑郁、吸毒和酗酒等心理健康问题有关。也许最恼人的是，与那些没有被体罚过的孩子相比，那些小时候曾被体罚的孩子更容易打他们的男朋友或女朋友。

瑞典早在1979年就成为第一个全面禁止体罚的国家。在瑞典，对打孩子持赞成态度的成年人比例从20世纪60年代的50%多下降到了2000年的10%。也许就是那么简单。

从1979年起，有24个国家正式宣布在任何情况下进行体罚都是不可接受和违法的，包括在家里。这些国家有：瑞典（1979）、芬兰（1983）、挪威（1987）、奥地利（1989）、克罗地亚（1994）、塞浦路斯（1994）、丹麦（1997）、拉脱维亚（1998）、保加利亚（2000）、德国（2000）、以色列（2000）、冰岛（2003）、罗马尼亚（2004）、乌克兰（2004）、匈牙利（2005）、希腊（2006）、智利（2007）、荷兰（2007）、新西兰（2007）、葡萄牙（2007）、乌拉圭（2007）、西班牙（2007）、委内瑞拉（2007）、哥斯达黎加（2008）。

打孩子没用

打孩子的那些人宣称那是唯一让孩子听话的方法，他们用三句话来粉饰这个说法。我们一个一个看看吧。

1. "我的孩子特别粗野、亢奋、疯狂。"温和式管教法和其他非暴力方法适合任何类型的孩子，无论他们脾气如何。没有不用棍棒就教不好的孩子。在某些情况下，你可能需要儿童心理学家帮你做出评估，但是打孩子不能帮助那些你本已觉得难管的孩子，它可能会让事情变得更糟。

2. "我简直要崩溃了，不打不行。"无论你只有1个孩子还是有10个孩子，不打孩子的承诺都是可以做到的。如果你应付不了有一堆孩子的压力，不用体罚就没法冷静下来，没法让一切顺利运转，那也许你就不该要更多的孩子了。如果你难以控制自己想多生孩子的愿望，水平高超的治疗师或许可以帮你解决这个问题。

大人缺乏才智和支持不是小孩子的错，不能因为我们压力大就觉得孩子该揍。我想揍孩子的时候并不是他们做什么"坏事"或"邪恶的事"的时候。相反，都是我觉得筋疲力尽，觉得自己的耐心和才智都到了极限的时候，觉得需要发泄怒气和沮丧感的时候。这些绝对不是我们应该打孩子的时机。在这种时候，我们应该意识到自己需要帮助了，这样才不会把孩子当成出气筒。

3. "我就是被揍大的，我现在不是也很好嘛。"许多你认识的人小时候都挨过打，他们似乎也成长得不错。有些人觉得他们确实该打，不明白为什么某些人无法"缓过劲儿来"。作为受过认知神经心理学方面训练的神经科学家，我得出了一个结论，简单地说就是：每个孩子对于挨打的反应都不同。有些孩子长大之后不会太把它当回事儿，他们能过上非常美好的生活。严苛管教法的批评者可能会声称被打的孩子的内心深处会感到悲伤，但是对于外部世界来说，许多这样的人表现得很好，完全没有问题。然而，有些孩子的神经化学构成和心理学特征对挨打并不能做出同样的反应。这些孩子深受伤害，甚至因为父母打他们的经历而受到精神创伤，他们永远也无法摆脱那种经历造成的感觉。

当我们第一次看着新生儿的时候，他们脸上没有印着这样的字"我会没事儿的——想打就打吧！"或者"我会受到创伤的——别打我！"你不知道你的孩子是哪类。

体罚的负面影响可能在学校、社会关系、性关系、自信心、工作和整体的心理健康等各个方面表现出来。我还是要问：值得冒这么大险吗？

孩子们出生的时候是信任我们的，相信我们会爱他们并保护他们。我们教他们是非对错。我们让他们免于疼痛，保护他们免于危险。无论我们为打孩子找什么样的理由，孩子都永远、永远无法有意识地或无意识地接受那个身为他父母的人会是故意造成他的疼痛、害怕和恐惧的人。

任何实验动物都会因身体疼痛而畏缩，他们无论从身体上还是从神经功能上都会表现出恐惧的迹象，比如缩成一团、一动不动、发抖、躲藏和哭泣。导致它们痛苦的事物或人重复出现会使它们一见到这个事物或人就表现出害怕和恐惧。这意味着：在被某个人打过几次之后，即使是一个啮齿动物也知道害怕那个人。它们可能会看见那个人就跑，或者躲起来，或者只是一动不动或者表现得服服帖帖。把打人作为一种管教方式实际上是让你的孩子形成对疼痛、害怕和恐惧的条件发射。我们直觉地想让孩子听我们的，向我们学习，以我们的行为为榜样。我们不想让他们怕我们，让害怕成为他们的"良好"行为的原因。这么做不值得。

有效的方法

以下是在温和式管教法框架下我们觉得对我们家人行之有效的管教方法。

★总是往好处想

所有的孩子都有潜力变得脾气好、有合作精神、乐于助人、善良和有爱心。这是否意味着他们总是如此？不。这是否意味着他们可以做到这些？是的。在每一天的生活开始的时候，你都要知道，即使是最不开心的孩子，心里也有个地方埋藏着一颗种子，让他能够长成一个快乐的孩子，能够达到你的期待，甚至会超出你的预期。

然而，只有当我们促成那种生长时，才能做到这一点。作为一个初为人母的人，我有时候觉得我做错了什么，让我们的小家伙生气、伤心、情绪不佳或者起了挑衅之心，特别是在他进入幼儿阶段的时候。我慢慢意识到，我这个大人需要洞察被我视为负面行为的外部表现，从而弄清楚怎样才能让他表现得最好。这彻底改变了我对于孩子们的看法，即使是我的儿子们处在他们最"黑暗"或不讨人喜欢的时刻，我的心里也满是对孩子们的爱与感激。

★将"坏"行为看作某种需要未能满足的迹象

当孩子们调皮捣蛋、不听话、举止粗野或者表现出恼人的情绪的时候，我们很容易会把孩子的行为说成"坏的"或者"错的"。确实，因为生气而扔东西、骂人、躺下耍赖、偷东西和暴力行为在社会上一般都会受到鄙视，也确实应该受到鄙视。然而，当我们着手重新引导孩子和管教他们的时候，请将孩子的这些行为视作他们想满足某种要求所做的努力，这可能会对你有所帮助。这并不是说我们会把偷糖的行为简单地看作对糖的需要。相反，孩子们通常是用"调皮捣蛋"来获得关注，得到爱或情感，或者满足他们自己也不明白的需要。这并不能成为这种行为的借口，但是会让我们在采取惩罚措施之前停下来想一想。它反倒会让我们审视自己与孩子的关系，找出他们未能得到满足的需要源自哪里。

当迈尔斯做出不理性的行为、大发脾气、无法控制怒火和悲伤的时候，那会让一个坚强的成年人也想哭。我努力这样看待他的这些行为：作为一个孩子，他的词汇有限，他的情感发育也不完全。弄清一个人的需要并且有效地去满足他的需要，这是需要不断练习和改进的技能。（我认识的许多成年人还没能拥有这些技能）也许我们只有这样看待孩子，认为他们有学习这种技能的需要，才能让他们长大之后能够成功地处理自己的人际关系，达到满意的效果。

★对孩子的行为要表现淡定

我们都见过这样的场景：你们正在排队等着看电影、喜剧或坐娱乐公园的什么车，这时候你的孩子想要某个东西。就想想你的孩子能要什么吧：热狗、巧克力棒、投币机里的玩具等。你说不行，你的孩子就开始发脾气了。他们可能会躺到地上、尖叫、骂人或者打人。在这个想象的场景中，如果你的身边不是围着一群陌生人的话，你可能会让孩子发完脾气，直到他们平静下来或者被其他事情吸引了注意力，因为有些人发现不理会孩子的这种突然发脾气是有效的。然而，你不是对他们耍性子置之不理，你看看周围也在排队的那些人，看到他们因为你孩子的尖叫而感到懊恼，谁听到小孩尖叫不烦呢？他们的眼珠骨碌碌直转。你确定自己听到了前面站着的一对刚刚订婚的年轻人决定不要孩子，"因为他们也不想生个像后面的孩子那样的小恶魔"。也许你的公公婆婆也在和你一起排队，他们会指责你是个受气包，居然能忍受完全无法容忍的行为。那么你会怎么办？你的反应往往是不当的。严厉，愤怒，甚至暴力！

有多少次就因为有人在我们面前，我们采取了比单独和孩子在一起时更加严厉的管教方式？因为我们对孩子制造的场面感到困窘，不想让别人觉得自己"软弱"。我们都这么做过，但是，重要的是，要意识到你的孩子并不能直接反映你是一个什么样的人。小孩子有时候会突然发疯或发脾气，我们几乎束手无策。也许我们正在坚定地维护一个自己制订的规矩，比如饭前不许吃糖，也许你有一个精力充沛的孩子，总是愿意小题大做，你要知道，他们喊上1分钟或10分钟就会恢复平静了。

要相信这一点，即使有人觉得你不是一个好家长，也没人会吊销你做父母的执照。

父母计时隔离法

让我们回到之前那个孩子耍性子的例子。这次，想象你是在家里面或者在自己的车里。想象一下你无法克制对于孩子表现方式的蔑视。也许这一天让你觉得压力太大，也许他们提出的要求你根本无法应付，也许你本能地觉得你马上就要说出或做出什么一定会让你后悔的事。

这种时候你就该实施父母计时隔离法了。人们以很多方式这样做。如果你的孩子比较大了，你只需要对他们说你受不了了，需要休息片刻打起精神来。有些人还会说他们觉得自己控制不了脾气了，又不想做什么或说什么会伤害孩子的事，但是只有当孩子能理解这种讨论的时候你才能这么做。接下来你需要真的走开一会儿，或者练习就在孩子面前对自己进行计时隔离，运用呼吸技巧或唱圣歌以及短暂冥想的办法。

我学会了一种放松练习，叫作优质育儿，它帮我减少了自己的愤怒和紧张。它最大的好处就是只需要90秒就可以做到，而且站着、坐着、洗澡、刷牙或者出门上车的路上都能用。不可思议的是，每次我做这个练习的时候，都能从中得到帮助。这个练习给我带来的感觉可以在一天当中随时出现，每当我感到压力上升和变得越来越沮丧的时候都可以求助于它。它就好像是我的一个育儿魔杖，我会在早上醒来之后和起床之前的一段时间用它，一般都是在给弗雷德喂奶，迈尔斯却扑过来的时候，不管怎样它很管用。具体做法如下：

1. 吸气，想象负能量离开了你的肚子，向上移到心脏，越过心脏到了你的喉咙，最后到达头部。

2. 屏住呼吸5秒钟，想象负能量被转化为了正能量。

3. 呼气，想象能量通过你双眼之间的部分离开，把所有紧张情绪释放到那里，用你刚刚制造的正能量把整个房间填满。

4. 深呼吸，承认你已经把负能量转化为正能量。

5. 再重复两次。

父母计时隔离法不是惩罚措施，也不是要告诉孩子说他们的行为把你推走了。重要的是你得让孩子清楚地明白你的意图：如果不冷静下来的话，你就无法和他们再谈下去或再讨论下去。

不要拿自己的孩子和别人家的孩子比较

没有一个孩子和你的孩子是一模一样的，也没有一个家庭和你的家庭完全相同。你听过"拿苹果和苹果比较，不要拿苹果和橘子比较"这个说法吗？疑惑为什么某某的孩子（一个橘子）就能安静地坐在儿童椅上，老老实实地吃青菜，"从来不"哭，自己做早餐，连续三年赢得本县博览会最可爱儿童大奖，这不仅仅很荒谬（难道没有规定不能连续赢得两次以上大奖吗？），而且还会伤害到你和你的孩子（一个苹果）。用别的孩子来衡量你的孩子的行为（或错误行为）对于所有人来说都是具有破坏性的，而且令人沮丧。你的家庭是一个自行运转的小宇宙，对你家有用的方法不一定对别的家庭也有用，反之亦然。我建议你甚至不要把你的某个孩子和他的兄弟姐妹比较，即使他们是同卵双胞胎！

每个小孩都是一个特定的人，一个有着特定和特殊需要和欲望的、特别的人。在对待孩子方面，你不仅不应该拿苹果和橘子比较，还应该更进一步，即使是同一个篮子里出来的两个苹果也不应该拿来比较。

对自己要温柔

当你决定要生孩子的时候，你评估自己有多完美、多么出色吗？没有？很好，我也没做过。说实话，没有哪种完美测试能保证我们成为一切都做得很完美的父母。此外，即使我们在各方面都很完美，也无法保证我们的孩子也能在各方面都非常完美。我们在地球上生活的短暂旅程之中任务之一就是使它成为一个更美好的地方。作为父母，我们是通过帮助孩子发挥他们的潜质而完成这个任务的，同时学习如何让自己成为更好的人。没有人期待你和你的孩子是完美的，所以对自己太苛刻只会破坏你的决心，削弱你帮助孩子在生活中充分发挥他们潜质的能力。

如果你没有达到自己作为父母的理想状态，这并不表明温和式管教法没有用，也不能说明你太崩溃了、太紧张了、太受伤了或者太没耐心了，以至于无法用这种方式教育孩子。这只意味着你需要更多的帮助和支持（参加第13章关于如何获得生活中的平衡并让自己更加温和的内容）。对自己要和对孩子一样温柔，如果做不到，那么要用你希望陌生人、老师、未来的生活伴侣对待你的孩子的方式对待自己，尽量做到温和。

★帮助你善待自己的常见方法：

1. 当你觉得自己累坏了的时候，先把家务活扔下，在想完成的事情清单上删除一些项目，叫外卖或者简单做点吃的，而不是给自己增加做饭和把饭菜摆盘的压力。

2. 寻找简单而廉价的方式放松放松，比如轻松地阅读，安静地坐下来喝杯茶，或者不被打扰地洗个热水澡（我以前常常趁着孩子们睡着偷偷洗个10分钟的热水澡，这样等我洗完的时候弗雷德刚好醒来吃第一次奶）。

3. 像瑜伽这样冥想性的练习能全面增加你的耐心和情感力量的储备，它能降低你的血压，鼓励你去锻炼冷静和集中精力所需要的"情感肌肉"。

我们最喜爱的管教方法

我很感激我的丈夫，他鼓励并支持我将温和式管教法作为养育我们孩子的唯一途径。有许多次，他阻止我去说或去做我知道自己会后悔的事，为此我的孩子们和我都感谢他。我们并不总能做到冷静、平和或"完美"，但是我们有一个体系，会让我们在做可能会造成我们和孩子之间裂痕的事情之前悬崖勒马。下面是一些我们最爱用的方法。

★不要说"不"，要说"对某某来说不适合"

我怀第一个儿子的时候，人们就警告我说，我的孩子在某个时间，也许是一岁左右的时候，将会对我说/嚷/尖叫"不！"他们觉得这会让我抓狂。

谢谢，我心里想，我简直等不及了。当我们的第一个儿子11个月的时候，我们通过当地的华德福学校上了"父母与我"这门课。出色的老师真正地帮助我们形成了对于为人父母的认知，她教会我们的事情之一就是为什么"不"这个单词于事无补，而且还会反过来成为你的困扰。我们听从了她的建议，尽量少用"不"这个词，而是想出了各种方法来表示"不"的意思，从而阻止他们的不良行为。除了电源插座盖，我们从不在家里安装婴儿保护设施，因此，当迈尔斯爬向电线和灯的时候，"对迈尔斯来说不适合"这个词组为我们节省了时间和精力，他从来没有伤到过自己，也没打破过家里的一件东西。当某件事有危险时，我们会用严厉一些的语气（只有在这种场合我们才用这种语气）和强烈的肢体语言让他停止对危险事物的探索。

当他长大些的时候，我们开始教他不要在家具上乱画，不要去碰对他的消化道不好的食物。"对迈尔斯来说不适合"又一次发挥了作用。他最先会说的话就包括"不合适，不合适"，意思是说"对迈尔斯来说不合适"。直到今天，我的两个儿子没有一个对我们说过或者嚷过或者尖叫过："不！"，他们也没有尖叫过"对某某来说不合适"来代替"不！"，就像我们用了许多创造性的非惩罚性方法来为他们设定行为准则一样，他们也想出了许多具有创造性的方法来表明他们的底线。

★换一种方式表达所有权

当我怀孕的时候，别人告诉我的第二件事就是："等着听孩子说'这是我的'吧。你就等着吧！"既然不让孩子说"不"这个事情在我们家进展得很顺利，我们也把同样的逻辑应用到孩子天生的占有欲上，这种占有欲一般是通过"我的！"来表达的。在公园，我们不说："那是他的东西，这是你的东西。"（这不可避免地会导致孩子这么想："这是我的！"）相反，我们会说："那是他正在用的东西，这是迈尔斯的。"

或者，在餐桌上的时候，我们这样说："这是妈妈的食物，这是迈尔斯的食物。"你可能想不到，我们的两个孩子没有一个说过"我的！"这句话。他们想为自己争取东西吗？当然！他们会用力抢对方的玩具，互相推搡，看看谁能靠武力得到玩具吗？绝对会！每天早晨8点钟的时候这样的事至少会发生10次以上！但是当"我的"这个词从他们的角力中消失的时候，孩子们就有了讨论和沟通的余地，即使他们还不太会说话，那正是我为之感到庆幸的事。

★每次说"不行"都要加一个"行"，有时候得加两个

有时候我们需要也应该对孩子说"不"。比如我的孩子们想要在公共场所摸我的乳房时，或者他们想吃某个人的色彩鲜艳而精美的生日蛋糕，但是这个蛋糕却并非素食的时候，还有我可爱的小宝贝让我在购物中心制作一个投币汽车，而周围根本没有这样的车的时候。我总是很不情愿说"不"，说"不"有时候也会

让人哭。我不想让别人哭。对哭泣让步更强化了我作为母亲的无能，也说明我没有能力设定应该设定的规矩，而且这么做完全抹杀了说不的初衷。

我发现小孩子喜欢听到"行"，即使这个字是跟在"不行"后面。我发现，即使是一个真的让人非常失望的"不行"，只要随后对别的什么事说个"行"，就能创造奇迹。因此，如果说在公共场所不可以摸我的乳房，我就会提供几个可以摸的选择给他们。"你不能摸我的乳房，但是你可以搂着我的胳膊，亲吻我的脸颊，拿着你的水瓶子也行。"至于那个非素食蛋糕，这个"不行"有时候是最难征服的，但是我们去参加生日宴会的时候都会带着素食的好吃的，因此即使对于让人垂涎的蛋糕答案是"不行"，我们还可以对我们自己带的美食说"行"。

如果我被要求在购物中心制作一个投币小汽车，这个"行"就会是这样说的："你要的小汽车我没法给你，但是我可以让你坐在购物车里，推着你在停车场里飞跑，我还可以驮着你飞奔回我们的车上去。"多数时候孩子就会停止哭泣。

这种灵活而有创造性的方法让孩子明白你并不是无所不能的，但是你会非常乐意尽你所能帮助他们在不舒适的情况下变得舒适起来。

★举起一个手指头

对于小孩儿来说，过渡是个困难的事。有些孩子比别的孩子更难面对这个问题，但是总的来说，当一个孩子（在这件事上大人也是如此）正玩得高兴的时候，很难让他停下来回家。当我们的孩子恋恋不舍地不肯走的时候，我丈夫想到了这个巧妙的招数，这个小妙招直到今天还是我的最爱。到了他们足够大的时候（大约18个月），我们会让他们"举起一个手指头"来暗示一件事、一顿饭或者一个球类游戏该结束了。我们教他们说那个"一"的意思举起一根小小的胖乎乎的手指，然后和爸爸妈妈做眼神交流。他们很快就明白了，一旦他们举起那根小小的胖乎乎的手指，然后再玩一次，我们就收拾东西回家了。这个方法几乎屡试不爽，他们不会耍性子，不会拒绝离开，也不会恳求再吃一口甜点。

　　作为神经科学家，我一直想弄清楚其中的原因——也许是因为举起手让他们分散了注意力？我不知道，我真的一点儿线索都没有，但是每次我们觉得可以用这个小花招的时候我们都会用它，每次都能奏效。在他还不到两岁的时候，有一个吃薯条的小插曲，弗雷德举起了两只手的食指来表示他要的不仅仅是"再来一个"。他知道那很有趣，我几乎也想让他"再吃两个"以奖赏他的聪明举动，但是我没有那么做，而是微笑着说："不是再来两个，弗雷德，再来一个。"

　　他也向我笑了，明白了我的意思。当弗雷德大些的时候，我们教他这个词组"再来一个，然后就结束"。他觉得这么说特别有意思，甚至忘记了自己想要的不止一个！

　　★分散注意/幽默
　　当我们的大儿子开始对他能接触到的所有东西着魔的时候，我们阻止他不当行为的方法是适当分散他的注意力——不是让他分散对感觉的注意力，而是身体上的。所以，我们没有在家里安装保护婴儿的各种护角之类的东西，也没有把电线钉到墙上，而是在他想拿电话线、猫食或人行道上的鸟屎的时候引导他去够别的东西。我们不会花费大量时间跟他沟通或者对他一再解释为什么他不能爬那些对于他来说太大太高的东西，而是会用适合他身高的东西吸引他的注意力，让他去爬。这个方法非常管用，他很快就有了积极性去玩儿那些他能玩得很开心的东西，没有太多的挣扎。

然而，到了他4岁的时候，可爱的迈尔斯开始表现出一些我们相当陌生的行为。我们从朋友那里听到过他们的孩子有这类行为，有些1岁的孩子精力旺盛，总是闲不住；有些2岁的孩子动作粗暴，难以管束；有些3岁的孩子脾气倔强，烦躁不安。我的儿子在那些年龄阶段的时候从来没有过那样的表现，所以这对我们来说是新的问题。如果事情没有顺他的意，他就会生气，变得好斗，开始发出恼人的低吼声，脸色非常阴沉吓人。这挺好笑的，但是也根本不好笑。我们读过一本书，书上建议用幽默来分散孩子的注意力，我们尝试了。在几秒之内，荒谬可笑又稀奇古怪的笑话就赶走了他的怒气、沮丧，放松了他的情绪。

比如：如果他在该吃饭或者该睡觉的时候哭着要求出去玩儿，我们不会和他长篇大论地说吃饭和睡觉的意义（他可能不会太关心这个），我们会和他这样说："我知道！那我们搬到月亮上去吧，那里从来不用吃饭睡觉，你还能被选为总统，你就可以下命令整天都玩儿了！"

傻气？是吗？瞎说八道？绝对是！让他立即就停止了哭泣，到餐桌上去吃饭了。事情画上了圆满的句号。

当这个世界显得比他希望的大得多的时候，我们就会利用幽默技巧来分散他的注意力。当他表现出想要长大但是却不知道如何长大的时候，这对他来说真的令人沮丧，也令他心生畏惧。幸亏有了幽默，他现在也能把幽默用在我们身上了，有时候他正是用这个小花招来让我们从自己的挫折中解脱出来。

★ 放弃讲道理

说到刚满4岁的孩子，4岁正是我那身为知识分子的亲爱丈夫决定让我们的儿子也变成一个知识分子的时候。我丈夫和迈尔斯待在一起讨论为什么不能向他还是婴儿的弟弟的脑袋扔枕头的时间比我这些年和他单独在一起的时间都多。他们会坐在沙发上，迈尔斯出神地瞪着前方，我亲爱的丈夫一遍又一遍地用各种他能想到的方法重复他这么做是不对的，不能那么对弗雷德，弗雷德只是个婴儿，他的头很重，但是脖子很脆弱，因为婴儿的肌肉组织还没发育好，支撑不住他的头部，如此这般。

这种情况持续了好几个月，我丈夫一有机会就开始利用他讲道理的能力，因为他是那么想的，他认为迈尔斯也会那么想。尽管我希望我们的儿子是聪明的，但是他根本理解不了这些。总的来说，我不会告诉我的丈夫应该怎样带孩子，但是我再也受不了他的推理课了。我终于崩溃了，告诉我丈夫说成人的摆事实讲道理对迈尔斯没用。"但是他怎么能知道呢？"他问。"我不知道，但是你的这种方法肯定不行，"我回答说。

我们已经达成一致的是，解释要分年龄来定。

例如，"朝小宝宝弗雷德扔枕头会吓到他，还会伤到他。枕头是睡觉用的，所以我要让你帮我把它们放回到床上去，而不是扔到弗雷德的脑袋上。"以后有的是时间和孩子讲道理，但不是现在。

★睁一只眼闭一只眼，随它去

我不是一个爱纵容孩子的母亲，我希望到目前为止你能相信这一点了。然而，作为母亲我用过最多的、非常有效的方法是：对于小事要睁一只眼闭一只眼，特别是对待宝宝。问问你自己："我想在这个问题上纠结到底吗？"然后清楚而诚实地回答这个问题。要知道有时候对某些事你要放手，这么做不会让你的孩子一辈子都摆脱不了这种不良行为。这只意味着你承认每个阶段都不过如此：这是一个阶段，它会过去的。通常你不需要做太多事来修正它，它很快就过去了。成熟、经验和观察好榜样的行为就足以改正那些不当行为。

让我们看一下从高椅上向下扔盘子的例子（宝宝扔，不是你扔）。当我们的儿子们这么做的时候，差点儿把我逼疯了。我试着把盘子捡起来，重新放到托盘上去，严肃地声明我不会再捡了。你猜怎么着？他们无一例外还是会继续扔，而且边扔边笑！我做出失望和受伤的表情，但完全没有用。最后我只能问一些我非常尊敬的家长，他们说的都一样：随它去，会过去的。所以我就那么做了，那些事情也确实顺利过去了。当一件事发生了3次左右的时候，我温柔地说："完事儿了"，然后我就把它搁到一边。到那个时候他们也基本闹完了，所以这个方法很有效。

但是，有些行为是需要另一种指导的，例如宝宝吃奶的时候咬人或者觉得薅头发是有趣儿的行为，但是多数事情虽然具有挑战性，却并不算是真正的问题，我说应该随它去，而且你会惊喜地看到它真的过去了。

要想让它过去，你并不需要惩罚你的宝宝。我在这里是要告诉你它会自己过去的。

我的孩子，我的朋友

根据我的经验，父母争论管教技巧的热情超过育儿的其他任何方面。尽管有许多方法可以用来管教孩子，但重要的是我们在设立规矩的同时不能牺牲我们的尊严、孩子的权利和我们的直觉。温和式管教法提倡，无论你选择怎样管理你的家，都要以尊重、同情和充满爱心的引导为出发点，这样才能与孩子培养其一种超越父母与子女的关系。使用温和式管教法可以让你的孩子成为你的朋友，无论是在儿童时期还是成人时期，同时你还可以保证你设定的底线不被侵犯。如果你的言语、想法和做法伤害了你的孩子，对他们造成的负面影响可能会终生挥之不去。

我强烈建议你读一整本描述温和式管教法的书，另外再听听现实生活中的父母们是怎么实现这种方法转换的，用这种方法育儿又得到了什么样的收益。只要我们付出时间和精力，坚持不懈并怀着真诚与真爱去实施这种方法，它就能让每个孩子和每位家长取得成功。其实这个方法平淡无奇，它就是最符合直觉的管教和生活方式。

第四部分

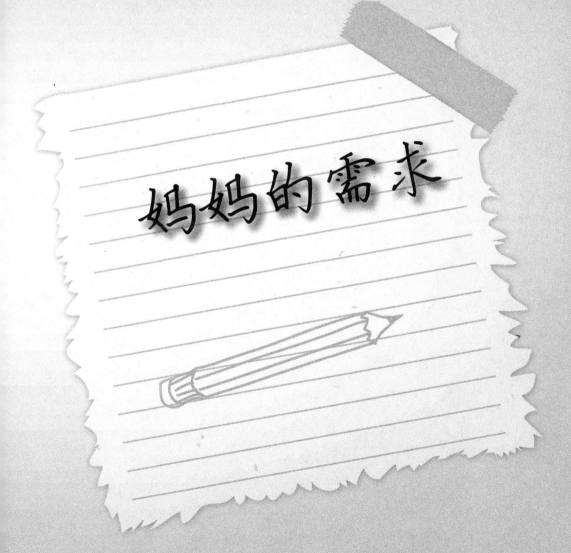

妈妈的需求

密切保持与他人的联系：
成为父母也要做你自己

　　为人父母是一个艰巨的任务：你的宝宝有很多需求和愿望，你的工作就是去满足这些需求和愿望，如果你选择的育儿方式属于亲密育儿法的范畴就更是如此。宝宝的需求和愿望似乎是无穷无尽的，他们并不知道，特别是到了晚上7点钟左右的时候，你其实希望他们不要提这么多需求和愿望了！如果你是在西方文化中长大的，或者有一点儿渐进心理学方面的知识，现在你一定在想："那我和我的需求该怎么办？！"也许更合适的说法是："如果我得不到5分钟属于我自己的时间，我就会高声尖叫，把今晚做到一半的晚餐顺着最近的窗户扔出去，每个人就吃薄脆饼干和巧克力棒当晚餐！好吧？"

　　不要担心，在进行育儿大业过程中，我并没有忘记父母自身的需求。遵循亲密育儿法的原则来生活并不表示你的需要就不重要了。让自己的需要和孩子的需要相平衡才是一个负责任的家长应该做的。维持那种平衡所带来的焦虑和纠结是正常的，同时受多种情绪的影响没什么大不了的。为人父母是令人兴奋和美好的，但同时也颇具挑战性，让人沮丧。

　　孩子们需要健康的父母。孩子们需要理智的父母。孩子们需要父母珍视自己和自己的安康。这样我们才能真正地随时陪在孩子身边：明白自己的需要得到了满足可以使我们尽一切所能去满足孩子们的需要。那些鼓励孩子在家里随心所欲的家长是在帮倒忙，他们给孩子建立了一个为所欲为的世界，孩子会觉得他们有权做任何他们愿意做的事，即使以牺牲别人的需要为代价也在所不惜。我们希望我们的孩子不仅知道他们的愿望可以得到满足，还能看到可以让自己的需求也得以实现的身心健康的父母。就像我们讨论过的那样，选择这种亲密友好的育儿方式意味着你对自己的需求的期待要有所转变，但这并不是说你就应该把自己的需要抛到九霄云外。

你应该明白（如果你以前曾经明白，但后来忘了，那么你要提醒自己），作为父母，你并不是就迷失在照料宝宝的茫茫大海上了，并不是漂泊无依，找不到维持你与朋友和配偶关系的坚实大陆。你仍然很重要。你还是应该找机会和别的成年人聊孩子以外的话题。生活可以给你回报——即使只是一点点——你可以和你关心的人一起吃顿特别的美餐，或者一起参加户外活动。要维系你与他人的关系，在婚姻生活中还要保持适当的浪漫和亲密感。没有人想要一个脾气古怪、怒气冲冲和满怀怨怼的母亲。我可以向你保证（来自一些艰难的失败经历），不和别人聊天，不给自己任何放松的机会，不去维系友谊，不保持婚姻中的浪漫与亲密，这些做法展现的将是一个不理智的妈妈。

幸运的是，当我们用真挚的情感和爱回到孩子身边，并采取措施不再重复同样错误的时候，孩子们在我们备感挫折时所受到的影响得到了愈合。然而，如果我们在婚姻中觉得孤独、与对方缺乏沟通、感到厌倦和疲惫，那么这些迹象表明我们需要坚持不懈地努力，有效地满足维系我们婚姻关系。

有许多方法可以给你充电并提醒你充电的重要性。我不会列出在我有的是钱并且有人帮我照顾孩子的情况下我会去做的事情，因为我经济条件一般，除了我丈夫也没人帮我照看孩子。说点儿题外话，我梦想中要做的事情包括经常和朋友一起去做水疗，办个健身馆和瑜伽工作室的会员卡，我每周会去3次，在本地的某个大学选一门我喜欢的课程，和朋友每周出去就餐两次。我还想和我丈夫一起去看个外国电影，然后喝着红酒吃着巧克力蛋糕一起讨论这个电影，但是这么想恐怕太遥不可及了，所以我们还是言归正传吧！

我会给你一些如何维系各种关系的指导，还会给你讲一些我作为成年人保持神志正常的方法，要知道在那些日子里，有时候我的生活似乎只是围着孩子转，在那些活动和互动之中，我是唯一的大人，只有我能做到尿完尿自己洗手，孩子们的一切都得由我来管，没人帮忙。

特别声明

要记住在这些问题上我既非完美也并非接近完美，我只是在分享我得到的一些建议，尽管这些建议在实践上也许还没达到理想状态，但从理论上来说对我很管用。（当我打这段文字的时候我丈夫就在旁边看着，他真的想让你知道我在这方面并不完美。亲爱的，谢谢你）

应该忘记的事情

关于一个成年人有了小孩之后仍然希望维系与其他成年人的关系的这件事情，我是这样认为的：你应该不带任何感情色彩地忘却你过去的生活。这就是我能给你的最好的建议之一。睡懒觉、在深更半夜和女性朋友或配偶一起跑去吃印度菜然后不预订宾馆就一起开车去旅行的日子一去不复返了。我重复一遍：一去不复返了。那些连续好几小时在家里尽情享受情爱之欢的日子也一去不复返了。那些无所事事地闲逛、吃薯条、看电视、打个小盹儿的日子绝对百分之百地一去不复返了。我是说一去不复返了！

这是不是意味着生活将再也没有乐趣，没有突发奇想，不能再让你感到自己又活过来了？不是的。这只是说明生活将完全不同了，你对生活的期待要现实一些，否则你就真要觉得郁闷了。当你成为母亲，还是有许多事情可以享受，有许多快乐可以发掘，但如果你想让你的生活和以前一样，那么或者你会输得很惨，或者会导致你的孩子无法得到你全心全意的照料。初为人母的前几周和前几个月是最累的，所以如果你觉得自己的整个生活（不只是社交方面）全毁了，千万不要泄气。你的生活会重新变得充满乐趣的，既有和孩子在一起的乐趣，也有孩子不在身边时和朋友或配偶在一起的乐趣。我向你保证！

就像我在简介部分推荐的那样，在你选择了育儿方式之后，不管你对于社交生活有怎样的决定，一定要忘记别人的想法。许多善意的朋友、家人、熟人或者甚至是大街上的陌生人都乐意给我这方面的建议，说我偶尔出去一下、和朋友一起出游或者和我丈夫来个浪漫的度假是多么有害。即使在我对自己的做法最自信的时候，他们的严肃表情还是会吓我一跳。这些人往往冲着我的脸说："快乐的孩子需要一个快乐的妈妈。"

或者，"牺牲你自己的需要只会让你心怀怨恨，不是吗？"甚至这么问："你丈夫也同意你做这些事吗？"

我丈夫和我都想到了不同的方法来应对这种问题。说实话，我经常会觉得自己没有还手之力，开始怀疑自己。但我丈夫总能帮我回到现实。他可以做到直视着别人的眼睛，带着友好的微笑宣布："我们正在做对我们家人最有利的事情"或者"我们对自己的选择有绝对的信心。"他教会了我，我得有类似这样的措辞，并且要勤加练习，这样才能在别人不约而同地质疑我们的育儿方式和与之相关的社交活动的时候随时派上用场。

如果是关于我的孩子们的安康问题，我就这么说："他们非常快乐、精神焕发、吃得很好，也很安全，我们这么做没问题。"

如果有人是在影射我们许多业余生活被剥夺了，我就会说："以后会有机会的，我敢肯定。目前我们对现在的生活很满意。"

如果是关于与朋友失去联系的，我的回答是："感谢上帝，幸亏我们有电子邮件、社交网站朋友们还能从网上搜到我的新闻（作者是演员）。"

如果是关于我的性生活，幽默就可以发挥作用了："反正我们也没那么多精力过那么多性生活了。"或者更好的说法："我们像兔子一样——这种事儿在我们家从不间断！"

你越是自信（至少听起来显得自信），你的这种育儿方式就越会被认为是正常的、健康的和令人愉快的——本来也是如此嘛！当然在某些时间和地点你也可以说出你的抱怨，并且搜肠刮肚地想怎么能实现自己的想法，怎样和别人联系，怎样能对自己的选择感到心满意足，你要做的就是找到能给你支持的地方。只要你把不在意别人怎么看你当作个人目标，你就不会对自己的选择感到矛盾。

友情很重要

我是那种有很多朋友和熟人的人。我总是会结识新的朋友，我也愿意和他们聊天。我不会对你撒谎：有了孩子并且像我们这样带孩子确实给我和朋友们的友情浇了一盆冷水。我根本没有时间和精力去维系我曾经非常享受的关系。我成为母亲之后经历了一段很难的调整时期。我没法在和一个朋友去咖啡馆的路上圆满地回答另一个需要帮助的朋友打来的电话，然后再和3个朋友一起去吃晚饭，最后还和另一伙朋友去喝酒。当我生了第一个儿子的时候，我的社交生活真可以说是戛然而止，自那之后再也没回到以前的样子。

这个变化的某些方面让我对自己有了更多的了解。我喜欢帮别人的忙，我愿意在朋友哭泣的时候提供依靠的肩膀。当别人问我的建议时我乐于给出意见，我可以做一个很好的倾听者和朋友。但是我也需要照顾自己的生活和自己的需要。在我的新角色里，一个小不点儿的娃娃比世界上任何人都更需要让我成为他的朋友和伙伴，随时陪在那个小家伙的身边是我最重要的任务。这是非常现实的考验。

尽管我的新职责让我充满力量，感到生活非常奇妙，但我也确实会怀念和女性朋友们一起出去玩儿的日子，怀念在时尚的餐馆悄悄议论哪个男服务员长得帅的时光，怀念在打折的时候去我最喜欢的时装精品店购物的日子。这些都是我非常喜欢的活动，我心里有个角落非常怀念这些事情，即使是在我对自己的妈妈身份心满意足的时候也会如此。我发现否认我的这些需要只会让它们更强烈。我学会了和别人讨论这种矛盾心理，大声表达我的失落感，我的失落感来自于无法继续那些关系和那些活动，我曾经那么享受地生活，现在再也回不去了。

尽管把自己的想法表达出来是对的，但是这么做也确实会让我感到情绪低落。

我发觉自己变得愤愤不平，开始怀疑自己的选择。我会厉声对我丈夫说话，有时候甚至对孩子们发脾气，而孩子们还太小，不知道我为什么那么生气。这些可不是什么好日子。这些就是我那聪明的母乳协会负责人称之为"精疲力竭地奋战"妈妈的表现。她还曾经这么说过："当妈妈不开心的时候，没有人会开心。"我发现她说的是对的。

对我来说，精疲力竭地奋战表明我应该给我的那些关系充电了。我找到了什么办法来实现它呢？当我成为妈妈之后，我的生活变化非常显著，这并不是什么秘密，但是在很长一段时间内我假装什么也没有变。这并不是一个好的办法，因为我虚构的世界与现实相差太远，简直有点儿像"皇帝的新衣"（无论那个皇帝怎么装，事实上他就是裸着的，而且每个人都知道）。

所以我对朋友做的第一件事就是和她们实话实说。在这个过程中，我开始不再欺骗自己（这是额外的奖励）。我是怎么做到诚实的？我向朋友表达我的挫折感，但是并不让她们给我出主意

"修正"我的选择。例如，如果我被邀请去参加某个我无法出席的活动，我不会就为什么不能去撒谎。我会说："真的很抱歉，我去不了。那个时间没人帮我带孩子，而且我丈夫已经和朋友约好了在那天打球。"很多人，特别是那些还没有孩子的人，对我们的选择有些恼火，她们表达了对我受局限的社交生活的失望。我耐心地听着，但是我只是柔声再重复一遍我说的话，告诉她们说我认为她们可以想念我，也可以有自己的观点，但是那不意味着我做了什么错事。

我想到的第二个给自己的关系充电的方式听起来很简单、很明了，但是对我来说并不是那么不言自明：只要我不是同时在做5件别的事，我就会尽量找时间用电话或电子邮件和朋友聊天。有时候我与朋友保持联系的最佳方式是用电话或电子邮件来叙旧，但是有人觉得他们没法聆听（或者被聆听），所以我尽量——尽量——在边看孩子边打电话的时候只说要点而不是进行很有内容的谈话。

一边看着孩子在家里扭打、尖叫和咯咯笑，一边又得努力弄清楚一个女性朋友上周刚刚手术去除的黑痣的活体组织切片情况如何，这对于任何相关的人来说都不是体贴的做法，甚至有些让人沮丧。

虽然我在生孩子之前有很多朋友，但实际上自从生了孩子之后我交了更多的朋友。我允许自己在我家小区这里交新朋友，尽管我已经有太多朋友了。我甚至发起了妈妈小团体，这些妈妈的育儿理念都和我差不多（她们的智慧、分享的经验和努力成为我的育儿方法和哲学的基础）。为什么呢？因为我现在需要一种新类型的朋友。

我需要的是和我有一样育儿理念的朋友，虽然这并不容易，但最后我们形成了一个非常好的团体，我们都决定要在家里教育孩子。因为我们的孩子现在大点儿了，我们甚至可以轮换着照顾孩子。我们所建立起的友谊可能会持续终生。让那些与我育儿理念不同的老朋友改变自己来适应我的需求对于她们或我来说都是不公平的。当然，即使我生孩子之前那些朋友认为自然生产、母乳喂养、与孩子同睡、把尿和温和式管教法对一个人的健康有害，我们还是有许多别的事情可以一起做。不过，我需要明白的是，我可以交些新朋友来陪伴我走过这个旅程，同时去维系与老朋友的友谊，并对所有的朋友心存感激。

浪漫的关系很重要

要想与你的配偶保持新鲜、浪漫和令人鼓舞的关系是件很具有挑战性的事情，无论你选择什么样的育儿方式。

但是我会这么说，当你选择成为你孩子人生第一个阶段的主要照顾者时，你就基本就没有能力出去约会或共度周末了。对于我和我丈夫来说，我们之间浪漫的关系、性生活乃至智力上的交流都是在孩子们睡着之后进行的。我们在每个电视季都找到了几个可以一起看的电视节目，我们还花钱买了一个大电视，这样我们就可以四肢平躺地看电影，有时候在我们看电影的时候孩子就在我的胸口上睡着。糖果和巧克力是我们比较喜欢的东西，但是我不希望孩子能经常接触到它们，这对他们的牙不好，所以我和我丈夫喜欢边看电视边吃，这样才有意思。对于曾经热爱举重、露营、远足和背包游的人来说，这听起来是不是很傻，很像青少年的娱乐方式？是的。但就现在而言，这种方式有效吗？是的。

我和我丈夫不得不接受的是，我们不能像以前那样一起做很多事了，但是我们可以一起做些新活动，而且也能从中得到乐趣。例如，我们在正式谈恋爱之前是打壁球的球友。在我们交朋友以及谈恋爱期间，我们很愿意一起进行竞技体育活动。尽管和以前不同了，但我们还是找到了一些办法来满足这种身体能量释放的愿望。

第一个办法是将我们的竞争天性融入和儿子们的游戏中。当我们和儿子一起玩儿的时候，我们也会让他们看到爸爸妈妈在给他们做示范的重要性。他们爱看我们嬉戏，实际上这让他们看到了我们的另一面，平时我们做的主要就是做饭和做家务，还有让他们帮着收拾房间，我的大儿子说那是让他当"我们的奴隶"，从他对这个任务的描述上看，他很明显不愿意做！我们在客厅里把球扔来扔去，从中找到了简单的快乐，有时候我们会在朋友家的泳池游泳的时候玩跳水游戏。这听起来好像挺荒唐，但是我们又找到了乐趣的来源，这对我们的关系很有帮助。

另一个我和我丈夫都觉得很有意思的活动是我们肩并肩地跟着电视上的体育锻炼节目一起锻炼（但是老实说，我们没能经常性地坚持这项锻炼）。同样，这个活动满足了我们想要进行体育活动的愿望，也使我们想起了过去一起进行娱乐活动的好时光。还是那句话：听起来很傻？是的。对我们有用吗？希望如此。

我们也找到了一些创造性的方法来享受有孩子之前作为夫妇我们做的一些事。我们以前非常热爱露营。有了孩子，露营变得难多了，但是我们发现这么做是值得的，虽然和以前相比，打包和计划都更烦琐了（还有压力），但我们体验到露营的乐趣：在户外、在星星下面入睡，过上几天简单的日子并且因陋就简的生活。我们发现，在孩子们长途跋涉并玩了一整天后，他们很容易入睡，我们俩就坐在篝火旁，没人打扰地聊天，这要是在家里，就会有电话、电视和电脑的干扰。这虽然并不完美，但总算达到了目的。

至于保持浪漫，这是一个永远在变化的恒久事业。自从有了孩子之后浪漫就有了许多变化。有时候浪漫意味着允许你的伴侣有独处的空间，允许他晚睡或者和朋友一起出去，而你则在睡觉时间一个人照顾孩子，有点儿孤军奋战的味道。这些和性感内衣、浴盆里的玫瑰花瓣或是在吃法国大餐的时候脚碰脚地调情相差太远，但是一旦有了孩子，我们就意识到，最能让我们彼此燃起激情的是我和我丈夫对彼此表现出同情、理解的时候，我们在充满压力和挣扎的混乱局面中仍能保持理性，这非常吸引人，非常令人心动。

我和我丈夫曾经很喜欢去一些安静的场所吃饭，自从有了孩子之后，这种奢侈就消失了。我们现在去的都是适合家庭去的地方，而且从我们进门开始就好像开始了倒计时，看看谁先彻底崩溃：孩子们或是我们。我们得带孩子去卫生间，他们不喜欢的水和食物撒得到处都是，我们的小儿子没吃3口食物就开始一遍又一遍地宣布："我吃饱了。我吃饱了……"这一点儿也不能让人放松，也不让人愉快。

后来，我开始尝试在家里吃一些特别的食物，这比一大家子人去餐馆更加可行，每到周五，我都会精心准备一顿晚餐，无论那一周进程怎么样。自从有了孩子，这就成了我非常期待的一件事，因为它能提醒我吃饭仍然是一件重要的事，而且全家人在一起用餐使这种体验更加特别。

　　一旦你有了孩子，对于伴侣外貌的关注会变得微妙起来。相信我：当我们结婚的时候，我丈夫不可能知道我连续好几周每次最多只能睡一小时的时候会是什么样子。我也不可能想象我连续4天不洗澡之后是什么样子，或者什么味道，因为有时候孩子生病，真就能赖在我身上那么长时间。我百分之百确定他不可能料到我的肚子在生了两个孩子之后是什么样的。

　　然而（这对于所有妻子和丈夫都适用），你的伴侣赞美你有吸引力、妩媚可人，这是所有相爱的人之间特别的温柔时刻。我不希望我的丈夫没完没了地说我穿着傻傻的"公园妈妈装"去公园的时候有多吓人，但是我真的非常珍视他能发现我已经努力使自己穿着整齐的时刻。那也能让我想起我为了自己也应该穿戴整齐！我也尽量提醒自己记得他也需要我告诉他，他仍然对我有吸引力。一旦你有了孩子，浪漫的火花可能和以前不同了，但是爱情之火还是可以燃烧起来的，只要有零零星星的火苗。那些火苗会逐渐变大，成为你以前熟悉的熊熊篝火。

　　我还发现，一旦有了孩子，你的伴侣就需要掌握一整套新词汇来表达对感激、理解以及他对控制孩子成长中的一切这个想法的放弃。没有什么比整天听着唠叨更煞风景的了，对于两个人来说都是如此。此外，因为你是在应付一些生孩子之前根本没遇到过的问题，明确说出你对伴侣新身份的欣赏和重视有助于为爱与信任打下坚实的基础，而爱与信任是良好的爱情关系和亲密联系的基础。每个人都喜欢听别人说他们做得非常好，说他们非常巧妙地应付了那个小恶魔，说你看到他们的不易，但孩子很幸运有他们做爸爸等。我碰巧觉得一个细心的、积极参与的和充满爱心的配偶是非常有吸引力的，但是我需要把它大声表达出来，这样我的丈夫就能知道他那么做是多么吸引人，我的意思是请他继续！

我和丈夫的关系比我们原来设想的要复杂得多，但是由于我们共同面临的挑战，我对于他的需要也更加了解了。了解到伴侣真正的愿望，但是却没有太好的办法去满足，既不能给昂贵的礼物，也不能去异国度假，甚至不能短暂分离以重燃爱火，这种困境让我们用心去深挖爱情之井。在所有的挑战和怀疑当中，我们想到并且创造了各种各样的惊喜。我们要一起为人父母，这也是我们选择结婚的原因，现在我们得用完全不同的方式去爱对方，因为我们的基因结合在一起，当孩子们光着屁股在屋子里飞速乱跑，并且像野猪那样号叫时，我们的辛苦和对孩子的爱让我们喜不自胜。那不就是爱情应有的样子吗？我们非常确定答案是"是的"。

需要记住的事

不会永远这样。我知道它听起来像陈词滥调，但是我还是要说。我猜现在你觉得永远没个尽头，对吧？特别是在头几天，头几个星期，头几个月和头一年。成为新妈妈让人感觉时间好像停止了，每分钟都好像是永远。给一个扭来扭去的新生儿换尿片实际上用不了90分钟，也就是5分钟的样子。但是那5分钟在你脑海里被无限拉长了。当你刚刚成为父母的时候，时间好像奇异地会打弯，会扭曲，还会延长。当我不开心的时候，一切挫折、每次失望和每个挑战都显得更持久，更让人压抑。

我不得不提醒我自己——有时候每天或每小时里要无数次提醒自己——虽然这让人感觉会永远持续下去，但不会永远这样的。当我听到朋友们计划充满乐趣的周末旅行时，我还是会感到痛苦烦恼。当我看到错过我特别喜欢的电影上映时，我会深深地叹息。我数不清自己错过了多少婚礼上的致辞，更不要说我一块都没吃着的婚礼蛋糕了，因为到了切蛋糕的时候，我已经回到了家里，穿着我的睡衣，把孩子塞到床上，我自己也睡着了。

牢固的关系能让你们度过任何风雨。我是我的朋友圈中最早生孩子的人之一。我的第一个儿子出生在10月，第一个假期季对我来说就是一个打击。我谢绝了那么多的假期派对和活动邀请。我觉得孤独，觉得被冷落，像个被链子拴住的女人。没有孩子的朋友们似乎对我错过了那么多乐趣感到非常震惊，她们没法理解我那么做只是因为孩子非常"需要"我（"孩子是不是太依赖我了"，我感到疑惑）。

那些朋友现在也有孩子了，当我看见她们带着新生儿的时候，她们的面容也和我当时一样憔悴枯槁。现在她们明白了。

有时候我好几个月都不能去看看住在离我只有10分钟路程的朋友，我以前差不多每周都会和她出去一次。这让人难以置信，但这是真的。我开始尽力照管我的生活和我的孩子们，我的朋友们也为她们的生活和家庭做着同样的事。那些通情达理又成熟的朋友能够理解你和她们的这种关系变化，另一些人也许不能像以前那样联系了，但是那也没关系。毕竟时间会改变人们之间的关系，有时候有孩子迫使这种变化发生。牢固的关系能够度过这些挑战，你会因此而成长。因为我们现在都已身为人母，我和某些朋友的联系更加丰富了，即使我们做事情的方式并不相同。经过这么多的变化，我与丈夫之间的关系也更牢固了，有了更多的耐心、谈话和惺惺相惜。

大局意识

记住我们身为父母所做的任何事情都应该顾全大局。即刻的需求不过如此，它只是暂时的。养育子女需要我们长期的付出，要转移生活的重心，让孩子的生活融入你的生活中。觉得自己被遗忘没什么关系，那不会对你或你与别人的关系造成不可挽回的伤害。不要和那些让你为自己的选择感到内疚的人培养不健康的友谊。要找那些支持你而且能为你树立良好榜样的人做朋友。

要知道，用安全的亲密育儿法养育子女，让他们从小在你这里寻求爱、支持和建议，甚至在他们长大之后也是如此，那时你就会知道你的怀疑是错的。从这个意义上说你可以"拥有一切"：亲密关系、友情和满足，你也不需要牺牲家人的健康或自己的需要去得到那些。

要面对现实，不要对自己太苛刻，可以考虑让健身卡过期。事实上，你为什么不拿那个钱买个大电视、舒适的睡衣和几双毛绒拖鞋呢？这些东西现在正合你用。

13

平衡工作和家庭：
不同的家庭,不同的选择

1958年，国际母乳协会出版了《妇女的哺乳艺术》这本书的第一版，这本开创性的著作谈的是以母乳喂养为中心的一种育儿方式的原理和益处，在讨论妈妈们是否应该回去工作这个话题的那一章，他们的答案实际上只有一个词："不。"他们这么说的原因不仅仅是因为工作和母乳喂养很难协调（确实难以协调）。相反，在20世纪50年代，全职妈妈的概念不包括身体上和孩子分离。

在《妇女的哺乳艺术》出版将近55年之后，这个世界对于妇女和她们的家庭来说已经完全不一样了。

21世纪初，大约75%的妈妈在外工作，而20世纪50年代的时候这个数字是大约35%。20世纪70年代的妇女解放运动让一代又一代的妇女长大之后发现在外工作的极大价值和成就感。此外，2005年的一项人口普查综述提到51%的单身母亲是家庭的唯一生活来源，63%的妇女是家庭的主要经济来源或者与她们的丈夫一起分担家庭的重担，这一数据在1958年的人口普查中根本就没有出现！

这本书的目的不是要讨论单个妇女在生了孩子之后所做的关

于工作的决定，我也不想暗示那些选择出去工作的人是不称职的母亲。我的出发点是我本人家庭的经历，还有那些将亲密育儿法作为她们任何决定基础的那些家庭的经历，这些决定包括谁要去工作、什么时候去工作、去哪里工作、怎样工作和为什么工作。

围绕如何赚取家用、如何维持某种生活方式和一个成员越来越多的家庭的相关选择是非常私人的。我只想解释几个我和丈夫做出我们的决定的原则。

就像这本书已经详细介绍的那样，从各个方面来说，一个婴儿生命中的最初几个月都是非常关键的。一个成年人与别人建立纽带关系的能力可以追溯到他们婴儿时期的前几个月，与他们那个时期信任别人、爱别人、抚慰别人和被抚慰的能力有密切关系。此外，牢固哺乳关系的建立在很大程度上取决于哺乳的频率和持久度，通常应该完全摒弃喂奶粉和用安抚奶嘴。为此，孩子一有需要就立即能吃上母乳是你保证母乳供应的最佳方法，这样孩子才能增加足够的体重，更好地发育。尽管我觉得自己是一个思想解放的妇女，认为男人和女人都可以照顾婴儿，但在很大程度上说（不考虑那些明显的以及医学上难以避免的因素）最适合在前几个月照顾婴儿的——有些人也许会说是前几年——似乎还是母亲。

事实上，即使一个妈妈不给孩子哺乳，或者她是用奶瓶喂母乳，在婴儿前几个月的发育形成期，妈妈仍然是大自然偏爱的选择。

这并不是说男人就照顾不好孩子，也不是说孩子在妈妈以外的照顾者的照料下就不能茁壮成长。我只是从大自然的设计这个角度这么说的。这个科学事实促使我决定获得博士学位后不再从事与学术有关的工作。我知道一个要求我在休产假后6周就回去上班的工作无法适应我希望采取的那种育儿方式。我丈夫也同意，甚至是在他需要全面负责带两个儿子而其中一个孩子吃奶的时候。在我拍电影的时候他有时候得照顾他们8~10小时。有时候，他会有受挫的感觉，因为即使他用奶瓶喂孩子我的母乳，给他们准备丰盛的点心，带他们出去好几小时，去博物馆、公园或者别人家去玩儿，让他们感到乐趣，分散他们的注意力，在回家的路上还能踏踏实实不受打扰地在车里睡上一觉，还是会有一个时刻宝宝想要妈妈，哭着要妈妈，直到妈妈走进家门才能安静下来。在一个婴儿几个月大的时候就更是如此了，那时候他还不会表达要妈妈的需求呢！不管你喜欢不喜欢，"基因决定命运"是大自然的诅咒，有些时候，只有妈妈才行。

鱼和熊掌不可兼得

这听起来如此简单，我觉得提到这个有点儿傻气。但是还是需要重复一下：虽然你非常想相信你能拥有一切，有个好工作，然后回到家里还是贤妻良母，让一切都顺利运转，每天晚上做一顿健康的晚餐，等孩子们都睡着了的时候在起居室锻炼锻炼身体，然后和你那耐心而又充满爱心的丈夫做爱，再美美地睡上8小时……可现实根本就不是那么回事儿。

能够拥有一切的神奇之处其实就是：一个神话。我愿意这么说，"尽量什么都去做"比"什么都拥有"更能反映我的生活现状。你不可能在全职工作的情况下还能把家打理得和那些不工作的人一样。你不能花费时间和金钱自己出外去放松，然后回家还在那儿疑惑为什么每个人都看起来筋疲力尽的。当你有了孩子，你的生活水准就不可能像那些没孩子的双职工家庭那么好了，根本不可能。

有些人计划一天去十二个地方，然后却难以理解为什么他们在家里感到那么疲倦，对孩子没耐心，对丈夫没耐心，这让我感到担心。关于工作在你的家庭中所占分量的决定是很复杂的，我要提醒你的是，不要认为生活还可以和以前一样继续，只是多了一个孩子而已。绝没有那么简单。

放弃鱼和熊掌可以兼得的希望可以让你从更现实的角度出发去做这个决定。记住，无论你做出什么样的决定或计划，不要妄想你每天都能因为自己成功地做到了一切而感到兴奋和幸运。很抱歉我打破了你的梦想，但是那一天一时半会儿不会到来！

生活方式的选择

人们经常对我说我这样教养子女是多么幸运的事儿。当我最初听到这话时，我觉得美滋滋的。我以为人们的意思是我很幸运，能够对怀孕、分娩、儿童早期教育方式做充分的研究，然后在医生和助产士的支持下实施这些选择，还有一个和我看法一致的丈夫，愿意在家陪着孩子们。

我确实也因为这些原因觉得自己很幸运。

然后，我慢慢明白了多数人的意思，当他们告诉我我有多幸运的时候，他们是觉得我足够富有，可以用这种方式生活，我丈夫也不"需要"去工作赚钱（或者我让他做什么他就做什么，真实情况根本不是这样），我的演员工作为我赚到了这么多钱，以至我能负担这种我写书宣传的、奢侈的、绿色时尚的生活方式。

好吧，我不愿意打破你的泡泡，但是我们不是因为能负担得起才这样养育孩子的，我们这样做的理由，像成千上万信奉以整体哲学为中心的亲密育儿理论的家庭一样，是我们信赖这个方法。那意味着我们在决定由谁出去工作、什么时候工作和在哪儿工作的时候，是以我们的育儿理念为基础的，不是基于我们的收入或者我们个人的意愿。一般来说，信奉自然生产、长期哺乳甚至在家教育的家庭都并不富裕。他们决定这样育儿是出于信念，而不是因为经济上的宽裕。

我不是在标榜我的生活方式就是最好的。我认识许多双双出去工作的人，他们也是很出色的父母，充满爱心和智慧。然而，当一些双收入父母告诉我能这样育儿是我的幸运时，我会提出异议，我看到他们享受着许多赏心乐事而我和我丈夫就没有——当然我们是自愿选择这么做的。例如，我们没有漂亮的汽车（实际上我们讨论过用一辆车对付得了）。我们没有雇保姆或者临时看孩子的，我们也不出去吃豪华大餐。我们不出去度假，除非是有人请我们去演讲并且负担旅途费用。我们不买昂贵的食品，我们买简单的食物，因为我们有预算，我们得按预算花钱。

当你成为父母的时候，你就得想清楚了。你想要的和需要的是什么？你愿意放弃什么？什么是你可以舍弃的？没有了你以前习惯了的那些东西，怎么样生活才能令人愉快和满足？

我们可以做到。每个家庭都会决定他们的生活应该是什么样子的，我们都需要有自己的决定。如果你决定要用你的钱去度豪华假期、买漂亮的跑车、经常去最时髦的餐厅吃饭，那没问题。但是请诚实面对自己的选择，另外，就像你不愿意被我们这些愿意放弃那些奢侈的人评判一样，你也不要随意评判别人。每个人都在过不同的生活，我会让别人保持尊严做自己的决定，而不会去"啧啧"有声地批评他们。通常我都做到了！

我是怎么做到的

我知道你对"我们"感到疑惑。我和我丈夫以及我们如何成功地实施了这种育儿方式。你可能会想知道我丈夫是什么样子的，他怎么应对我工作的事，一个主要靠女人挣钱养家的婚姻是怎么维系下来的。

其实，我丈夫是一个非常谦逊和坚忍克己的男人。他不是具有特别温和或者迷迷糊糊的个性。他不喜欢谈论他自己，也很少对别人敞开心扉。他很有男子汉气概，但是又不粗鲁，很敏感但并不消极。幸运的是，他的父亲为他树立了做爸爸的好榜样。当我的丈夫和他弟弟小的时候，我的公公非常有爱心、有创意，常常能陪在他们身边，对孩子很用心，我很感激有这样的公公。此外，我丈夫的母亲是一个独立生活能力很强的女人，她能轻而易举地修好暖器，能很快就做好一个小青南瓜和一个可爱的小果冻模子，上面还放上一根西芹。从我婆婆那里，我丈夫学会了要有很好的独立生活能力，要有创造性，要有奉献精神，要全心投入。

虽然如此，当社会认为"正常"的传统家庭角色彻底颠倒过来的时候，我们还是遇到了挑战——即使我们双方都同意我们的新角色。我丈夫总是被我们碰到的人问到许多非常私人的问题，比如他的愿望、他的需求和他身为全职奶爸的感受。

他觉得受到了冒犯，因为妈妈们就不会被问到这些问题：他被问到他是否觉得错过了生活中的许多重要的东西，是否丢掉了他的梦想，他是否希望雇个人来帮他照看孩子。他现在觉得我们的孩子就是他的工作，考虑到我们的情况，他们就是他的责任，也是上天给他的赐福，我也这么觉得。我为自己嫁了这样一个男人而感到骄傲。

我们以前因为这个问题有过挣扎吗？没错。有时候很艰难吗？是的。我感到需要赚足够的钱来让我们过上满意的生活的压力吗？当然有。但是我们相信我们目前的选择对于我们想要的结果来说是最好的。就是那么简单。当你不断提醒自己这么做都是为了孩子的时候，那些"如果"就消失了。没有漂亮汽车，没有你垂涎已久的新浴室地板（好吧，是我在垂涎，不是他），没有费用全包的双人旅行，我们已经连续两年没钱去旅行了。都是为了我们的孩子和家庭的最佳利益。就是这样。

当我们的儿子很小的时候，我很少离开他们，真是这样。当我就读于研究生院的时候，我生了迈尔斯。我的课业都修完了，所以他会跟着我一起去实验室，当我在家里学习的时候他也和我在一起，我经常一边给他喂奶一边用笔记本做数据分析。当我读到第七年底的时候，我当时在写学位论文，迈尔斯还在吃奶，而我需要不受打扰的大块时间。问题是迈尔斯从来不用奶瓶，所以我丈夫需要按照他的吃奶时间做出安排，在迈尔斯刚吃完奶的时候就把他带出去，等他又要吃奶的时候再回家。尽管我丈夫很欣赏并且重视我们母乳喂养的生活方式，但是这段时间对他来说还是一个挑战，因为他没法离开太久！就是在这段时间他和迈尔斯的关系进入了一个新阶段，为了让我能专心写论文，他们开始出去玩，最开始是4小时，后来是5小时，最后达到6小时。正是这样我才完成了博士论文，然后很快就怀了弗雷德。

在弗雷德过了新生儿时期并且形成了比较固定的吃奶模式

以后，我就开始出去试镜了。我们4人一起去：我们一起开着车去试镜，弗雷德在整个路途中都尖叫不止，因为他讨厌汽车座椅，那种讨厌的感觉也许只有新生儿能表达。我跑着去试镜，每10～20分钟就得出去一次，然后我会再给弗雷德喂奶，然后我们又开车回家，弗雷德在回家的路上还是尖叫个不停。自从我在青少年时代第一次赢得特约嘉宾演出机会以后就经常需要去试镜，到了我得到"生活大爆炸"的试镜机会的时候，弗雷德已经大到可以和爸爸和哥哥一起待在家里的程度了。

在弗雷德两岁的那年，我一直在半正式地上班，同时还在喂奶。我和弗雷德不在一起的时候，每隔两三小时候泵一次奶，然后我丈夫用奶瓶给他喂我的母乳，同时还得带孩子去公园、出去办事、去市场以及照管迈尔斯在家里上学的事宜。当我不工作的时候，我们有时一起做这些事，有时我丈夫趁此时机出去办事，为他自己做些什么，或者睡上个懒觉！总的来说，多数时候我们都是肩并肩一起照顾孩子的，这是一个非常巧妙的育儿方式，尽管也有些不同寻常，我们也会因为一些琐琐碎碎的小事争论不休，比如，洗被单应该用温水还是热水，午饭吃什么，弗雷德的便盆需要在他每次尿尿之后就倒一次还是两次一倒就行？有时候我们需要提醒自己要有幽默感，我会说："好锅（便盆）也架不住总烧饭。"

无论我上不上班，大多数情况下我都愿意承担做饭的任务，但是自从我的工作时间开始增加，我丈夫真的拿起锅碗瓢盆，他甚至也加入了我和孩子吃素食的队伍，这让他对做饭有了不同的理解。

我们最近（我们结婚7年才想到这个主意）将家务活分工

了，我丈夫做两项最需要经常做的家务活：洗碗和洗衣服，而我则应付那些比较大但是不需要总做的工作，比如打扫浴室、扫地、拖地和收拾玩具（我真心喜欢这个工作）。这种家务分配帮助我们减少了压力和纷争。

当我工作的时候，我一般是每周有3天半不在家，每周有两天的时间我要每天工作10～12小时，这对于我们来说都有困难。一方面我丈夫得独自带孩子，另一方面由于离家时间太长，我会想念孩子，还得花很多时间来泵奶，那可不像喂奶那么容易！另外，一般来说，我是负责晚上带孩子的，包括给小的那个喂奶好让他睡觉。这就给我丈夫造成了麻烦，因为他一般只负责给大儿子读书好让他听着听着就睡着了，不需要还得去照顾那个吃了奶才能睡着的小的。当我丈夫得同时照管两个孩子时，他会抱着弗雷德走来走去，一边摇着弗雷德一边大声唱歌，好让两个孩子都睡觉，他希望能在几乎同时把两个孩子哄睡。然而，一旦我们的小家伙睡着，一般都是一放下就醒，所以我到家的时候经常发现我丈夫满头大汗，因为睡着的那个小的一直贴在他的胸前。

我们经常被问到在这类日子过去的时候我丈夫怎样休息和放松。说实话，他放松的方式就是离开家，离开任何让他做任何事情的人，我不会因此责备他。他告诉我他喜欢和"真实世界里的成年人"在一起，所以他会在咖啡屋读书，有时候还去看朋友。他还更喜欢看体育比赛和各种电视节目，而不是听我讲述我这一天发生的事，至少不是马上。有些男人喜欢谈论、倾听和分析他们自己和他们妻子的感觉，还有一些男人愿意看体育，不喜欢总是叽叽喳喳地闲聊。我丈夫是后一种，我觉得没有问题。我很感激他，欣赏他，对他心存敬畏。

一个随时帮忙的爸爸是非常有吸引力和非常动人的。

一些其他成功实施亲密育儿法的家庭

我们的情况并不常见。我知道这一点。尽管我并不确定，但是这本书的读者中恐怕只有一小部分人在劳动分工上和我们的生活类似，我完全知道我们的情形是特别的，尽管很有意思，但是对于多数正在讨论如何边工作边实现亲密育儿的人们来说没有多少借鉴作用。

我决定要重点讲一下我的几个亲密朋友的生活方式——当然是匿名——他们在应用了本书描述的亲密育儿法的时候还能让收支平衡。这些朋友中，没有一个是富有到不需要出去工作，或者能从某人那里得到经济帮助，没有人雇保姆，她们的家里除了配偶和子女没有别人一起住，没有人长期请临时看孩子的人，也没有人把孩子送过日托，没有人在本市有家人可以同住。（你看出来我为什么和她们是朋友了吧——她们就像我一样）其中一两个朋友可能会奢侈一下，请人帮忙打扫屋子，所有人都建议我也那么做，但是这不是重点……我将要谈到的两个家庭有两个上学年龄的孩子需要在家上学，另一个家庭的孩子还没到上学年龄，所以我要谈到的人没有一个可以趁着孩子上学的工夫去美甲或者睡一觉——她们的孩子根本不上学！到目前为止，这些家庭都算不上是富裕。

我在这里谈的是3个家庭的生活，但是我实际上认识更多类似的家庭。有无数的方式可以让这种育儿方式顺利进行，并不是只有这3个家庭的3种选择，具体的实施方法会因为许多因素而有明显的不同，比如你生活的地区以及那里所需的生活开支。

我想用3种鸡尾酒的兑法来指代这3种生活方式，因为她们的生活非常像这3种鸡尾酒的兑制方法：不加冰块；加片柠檬；混合式；摇动而不搅拌。

★不加冰块，加片柠檬

这个家庭有一位全职妈妈，她是孩子的主要照顾者。大多数时候都是她做饭和打扫卫生，不停地穿梭于孩子身边，看着他们做各种活动。爸爸几乎每天都上班，有时候周末还要加班。当爸爸在家的时候，他尽量帮着分担照顾小孩的责任，比如给小孩洗澡，哄大儿子睡觉。尽管他能照顾孩子的时候不多，和妈妈相比参与孩子生活的机会也少得多，但是他对于家庭结构方面的知识相当了解，会整晚待在家里陪着孩子们。一旦孩子们晚上不再吃奶了，妈妈就会有几天出去旅行的机会。

这是"不加冰块"的那部分，至于"加片柠檬"，是说这位妈妈还很有艺术天赋，她的艺术天赋让她可以做一份自由职业。这个工作有时候得一边带孩子一边做，不过多数时候都是在她丈夫可以休半天假或者周末休息的时候才做。因为他的儿子们非常活跃，一般来说她很难把他们托给一位朋友照顾，但是这有时也能做到，我们就曾经成功地轮流替彼此照看孩子。我们都需要帮助，所以这个办法很有用。

这种"不加冰块，加片柠檬"的家庭中，每个人都非常忙碌：妈妈忙着照顾儿子们，爸爸有一个稳定的工作，而且当他陪在孩子们身边的时候，妈妈可以暂时休息一会儿。我们发现，妈妈休息的时间往往用在了她的自由职业上。然而，当她可以去做她自己的事情的时候，她感到充满了力量，有很强的满足感。尤其是她的工作能够充分发挥她的创造力。

她是一位受到重视的艺术家，在我们的家庭学校社区教她的艺术，同时还能养大自己的孩子，不用把他们送到托儿所或者正式的学校，这是她强烈的爱好和偏好。因为这对夫妇的婚姻模式和传统模式更接近，他们之间不存在我描述过的我和我丈夫之间的紧张压力。然而，他们也没有足够的余地可以晚上出去约会，自从他们有了孩子之后再也没有单独出去过！这个家庭的孩子长得很健壮，有创造力，聪明，学习也好。他们成功了。

★混合式

当我说第二个家庭是混合式的时候，我的意思是他们将工作职责和照顾儿子和家庭的需要混合在一起，同时仍能提供不止一份收入。这家的妈妈刚怀孕就努力和老板争取，允许她在孩子出生后在家里工作，后来在她随着丈夫和儿子在全国搬来搬去的时候，这个安排仍能继续下去。

这个妈妈整天在家和小的待在一起，但是她请了一位有经验小时工，每天来她家工作4小时左右，会帮她把一些杂活儿料理好，比如洗碗、洗衣服和基本的清洁，这样她就可以腾出时间来以照顾孩子为主。

对于我正在讲的这位妈妈来说，她的工作主要是用电脑和电话进行的，如果需要的话，她工作的时候也能随时停下来。这个小时工会把孩子抱过来让她喂奶，或者在用别的方法哄不好的时候交给妈妈去抚慰，妈妈甚至可以一边工作一边给孩子喂饭或陪他小睡。

爸爸每周工作6天，但他到家之后就会承担起看孩子的任务，好让妈妈可以在小时工离开之后再多工作几小时。妈妈主要负责做饭和清洁，即使是只休息这几小时也能帮助她放松、充电或者多做点工作，就看她更需要做哪一样了！

和我们说过的第一个家庭一样，妈妈很少有自己的时间，因为她不和孩子在一起的时间主要都用在了工作上，好为这个家多赚些钱。你可能会猜到这对夫妻不会花太多时间出去约会或者去奢华的旅游胜地。当奶奶来拜访的时候，他们可以偶尔出去约会几次，但是多数时候，他们的重心都放在这种亲密育儿的生活方式上。实际上，他们的儿子很健壮、健康、活跃，还很有好奇心。他们也成功了。

★摇动，而不搅拌

想象一下，在一个热带岛屿上有一个酒吧，一位调酒师将各种液体放到一个银色摇罐中，把玻璃杯放到摇罐上面，将它倒过来用力摇晃。这很有点儿像我们要讲的最后一对夫妇的生活。这位妈妈在两个孩子前几岁的最初几个月都在家里，然后每天从早晨6点到下午3点回去上班。在妈妈上班的时候，爸爸照顾孩子们，还要经常做饭和打扫房间。像我丈夫一样，这位爸爸也带孩子去做各种活动，带他们去做各种检查之类的事情，还要把房间收拾好让妈妈回家有个好环境。一旦她周末在家，爸爸基本上就卸下了担子，妈妈接管一切，成为百分之百的住家妈妈。我和我丈夫的分工不是那么清楚的，常常一起分担责任，但是这对夫妻带孩子更像是车轮战，两个人轮流上阵。有时候我也能看见他们两个在一起，但是这位爸爸放松的方式是远离家人做各种事情。

他是一位艺术家，有很多户外的爱好。他非常心灵手巧，经常用"他自己的"时间来做东西或修东西。此外，这对夫妻有一所复式住宅，他们把它租了出去，这位爸爸负责管理和维护这座住宅。

这对爸爸妈妈在可能的时候会为他们自己挤出点共处的时间，但是他们很少有时间单独在一起。他们4年中第一次出去单独过夜的时候，把孩子托给了一位可信任的亲戚，那位亲戚就住在他们选择的旅馆附近。他们是我们这群朋友中第一对出去浪漫休假的人，等他们回来以后，我们都咯咯地笑，问他们都有什么活动，就好像我们鼓励了最早登上火星的人一样。

这对夫妻和我们夫妇有同样的纠结，主要是因为如果一个男人是主要在家看孩子的人，社会上的人就会感到惊讶。此外，像我丈夫和这位爸爸这样的男人并不是从小就认为自己应该做一个全职奶爸，因此他们需要时间适应这种责任。我觉得即使是最坚定的男人也会有各种各样的顾虑。说实话，在这对夫妻当中，妈妈希望她能待在家里，但是因为目前她是主要的收入来源，现在的情况最符合全家的利益。他们的孩子是由爸爸照料的，和由妈妈照料会有所不同，但是这些孩子很可爱、有好奇心、很独特，是充满爱心的孩子，一切都很好。这个方法对他们来说也很成功。

我们也可以成功

我希望这些关于实践亲密育儿同时又平衡工作需求的讨论没有让你觉得崩溃。孩子的最初几个月和最初几年非常重要，这对于你来说应该并不陌生，但是我们这些实践亲密育儿的父母对它的重视程度是令人畏惧的。作为父母，我们有这么多的能量、这么多的能力来塑造一个生命，还有这么巨大的责任来让这个人成为他们能成为的、最好的人。

现在是时候来回顾一下你自己的生活了，看看你什么时候能不再说"我做不到"，而是开始说"我能行"。现在也是时候真实地明白你想过什么样的生活了。一些初为父母的人们清楚地知道自己的愿望，立即决定改变他们的生活重心，带着勇气、创造力和耐心去寻找实现自己愿望的方法。这些人会努力靠近那些以他们希望的方式生活着的人们，他们会寻求帮助，使自己的生活更靠近自己的理想。我永远也想象不到和我成为妈妈之前完全不同的生活会是这么美丽、这么可爱、这么让人心满意足，尽管我错过了那么多。我对与我一路走来的那些家庭充满感激。他们给了我信心、充满爱心的帮助和健康的榜样。当我觉得情绪低落的时候，这也是一个很好的检验，因为我知道我并不是一个人，一切都会好的。

也有一些人不愿意放弃他们有孩子之前享受的那种生活方式。他们用自己的经济资源来得到那些他们有孩子之前所享有的东西，他们或者开心，或者不开心。当我听到这样生活的人们感到内疚，觉得他们搞砸了陪在孩子身边的机会时，我会温和地指出，你在任何时候都可以后退一步，重新衡量你正在做的事情。你可以做出一些改变来帮助你因为能够陪伴孩子而感到高兴。你会吃惊地发现很多事情没有也没关系，你会对成为一个大自然希望你成为的妈妈而感受到一个美好的新世界。

你不能做到鱼与熊掌兼得。你不可能用奶瓶兑出和母乳一样的奶。你看孩子蹒跚学步的录像和亲眼看着他们学会走路绝对不一样。

　　有些东西是必须舍弃的。但是我向你保证，当某个东西被舍弃的时候——无论是墨西哥之旅，还是昂贵的香槟酒，或是水疗按摩——你将会得到的东西都比你放弃的东西要多得多。放弃，让步，然后给你自己一个机会努力寻找能取得成功的方式。

Copyright ©2012 by Mayim Bialik
All rights reserved, including the right to reproduce this book or portions
There of in any form what so ever. For information address
Touchstone Subsidiary Rights Department,
1230 Avenue of the Americans, New York, NY 10020.

© 2016，简体中文版权归辽宁科学技术出版社所有。

本书经大苹果代理公司由Mayim Bialik授权辽宁科学技术出版社在中国出版中文简体字版本。著作权合同登记号：06-2012第106号。

版权所有·翻印必究

图书在版编目（CIP）数据

你本来就是好妈妈/（美）拜力克著；王冰营，孟可心译.—沈阳：辽宁科学技术出版社，2016.8
  ISBN 978-7-5381-9767-9

  Ⅰ.①你⋯ Ⅱ.①拜⋯ ②王⋯ ③孟⋯ Ⅲ.①儿童教育—家庭教育　Ⅳ.①G78

中国版本图书馆CIP数据核字（2016）第070858号

出版发行：辽宁科学技术出版社
　（地址：沈阳市和平区十一纬路29号　邮编：110003）
印　刷　者：沈阳新天地印刷有限公司
经　销　者：各地新华书店
幅面尺寸：170mm×240mm
印　　张：15.5
字　　数：173千字
出版时间：2016年8月第1版
印刷时间：2016年8月第1次印刷
责任编辑：姜　璐
封面设计：房靖钧
版式设计：李雄石
责任校对：李淑敏

书　　号：ISBN 978-7-5381-9767-9
定　　价：35.00元

联系电话：024-23284062　　邮购热线：024-23284502
E-mail:1187962917@qq.com
http:// www.lnkj.com.cn